Über den Wolken muss die Freiheit wohl grenzenlos sein

Theodor Stauffer

Über den Wolken
muss die Freiheit wohl grenzenlos sein

Erinnerungen an fast 30 Jahre Tätigkeit im Flughafen Basel–Mulhouse

Basler Schriften Band 28, Pharos Verlag Hansrudolf Schwabe AG

Text des Buchtitels mit Erlaubnis von Reinhard Mey, Berlin, verwendet.
Umschlagbild: DC-9 der Swissair vor dem Flughof Basel–Mulhouse,
Februar 1985. Foto Edi Marmet.
© Pharos-Verlag Hansrudolf Schwabe AG, Basel 1985.
Alle Rechte vorbehalten.
Druck: A. Schudel & Co. AG, Riehen BS.
ISBN 3-7230-0220-X

Inhalt

Zum Geleit

Dr. Eugen Dietschi, alt Ständerat

Basels erster Flugplatz auf dem Sternenfeld in Birsfelden war ein bedeutungsvolles Sprungbrett für die in rascher Entwicklung befindliche Fliegerei in der Schweiz. Er ermöglichte den Anschluss an das in Bildung begriffene Luftverkehrsnetz. In den Jahren 1924 bis 1939 betrug der Anteil Basels am schweizerischen Luftverkehr im Mittel 30,5 Prozent, und die Zahl der Basel berührenden Fluglinien stieg von drei auf dreizehn. Basel rangierte frequenzmässig nach Zürich an zweiter Stelle, vor Genf.

Schon früh zeigte sich, dass das Sternenfeld, eingeengt zwischen Rhein, Grenzacherhorn und Hardwald, nicht in der Lage sein konnte, den Luftverkehr der Zukunft zu bewältigen. Zudem kündigte die Regierung von Baselland den Bau des Kraftwerkes Birsfelden und der Rheinhafen-Anlagen im Gebiet von Birsfelden—Au an. Die Stunde des Sternenfeldes hatte geschlagen.

Als damaliger Präsident der Flugplatz-Genossenschaft Aviatik beider Basel erhielt ich 1938 vom baselstädtischen Regierungsrat den Auftrag, mit dem damaligen Flugplatzdirektor Charles Koepke in der weiteren Umgebung der Grenzstadt auf schweizerischem Territorium ein günstiges Gelände für die Errichtung eines neuen Flughafens zu rekognoszieren. Alle Bemühungen blieben erfolglos. Schliesslich reifte der Plan, die Lösung jenseits der Grenzen, in der elsässischen Ebene, zu suchen. Bereits 1937 hatte sich der Regierungsrat des Kantons Basel-Stadt an den Bundesrat gewandt mit dem Ersuchen, Verhandlungen mit Frankreich zur Schaffung eines Grossflughafens auf elsässischem Boden aufzunehmen. Ein Projekt wurde 1938 in Bern unterbreitet. Leider setzte aber schon bald genug der Ausbruch des Zweiten Weltkrieges einen Strich unter weitere Verhandlungen mit dem Ausland.
Nach dem Kriegsende war für Basel der Weg frei zur Schaffung eines Flughafens gemeinsam mit Frankreich. Mit einer technisch glänzend bewältigten Übergangslösung hat sich Basel im Frühling 1946 den Anschluss an das kontinentale Flugnetz und ebenso einen Stützpunkt für den direkten Überseeverkehr gesichert. Man sprach vom „Miracle de Blotzheim". Auf diplomatischer Ebene konnten in der Folge die Verhandlungen zwischen Frankreich und der Schweiz eingeleitet und schliesslich glücklich zu Ende geführt werden.

Alle diese Vorbereitungsmassnahmen nahmen begreiflicherweise sehr viel Zeit in Anspruch, so dass die für den modernen Flugverkehr nötigen Pisten und Flugsicherungsanlagen erst zur Verfügung standen, als der internationale Flugverkehr sich nach dem Kriegsende wieder stark entwickelt hatte. Genf und Zürich konnten inzwischen moderne Flughafenanlagen realisieren und waren in der Lage, in erster Stunde sich den Anschluss an das neu in Bildung begriffene Fluglininnetz zu sichern.

In diese schwierige Zeit der Wiedereingliederung Basels in den rapid sich entwickelnden Luftverkehr fiel der Wechsel in der Leitung des neuen Flughafens Basel–Mulhouse. Charles Koepke, dem 1934 die Direktion der Aviatik beider Basel anvertraut worden war und der mit grossem Einsatz die Geschicke des im Entstehen begriffenen Grossflughafens – gemeinsam mit René Lemaire – leitete, hatte seinen Rücktritt als Flugplatzdirektor genommen. Die anschliessend erfolgte Wahl von Dr. Theodor Stauffer zum neuen Direktor des Flughafens Basel–Mulhouse erwies sich als denkbar glücklich. Den Schwierigkeiten, die sich aus der besonderen Situation des internationalen Flugplatzes ergaben, begegnete Dr. Stauffer mit der ruhigen Bedächtigkeit des Berners, der sich in allen Fragen fundierte Standpunkte erarbeitete und sie gelegentlich auch recht temperamentvoll zu vertreten wusste. Dabei war er stets bedacht, den schweizerischen und den französischen Interessen wie den Anforderungen der Fluggesellschaften und der Spediteure Rechnung zu tragen. Neben der Leitung des Flugbetriebes hatte er wesentlichen Anteil an der Vorbereitung und Durchführung des Baues des Flughofes, der Werftanlagen und der imposanten Frachthalle, die 1970 eröffnet werden konnten. Und wenn die Pistenverlängerung im zweiten Anlauf die Gnade des Souveräns fand, so war dies weitgehend das Verdienst von Theodor Stauffer, der in vorderster Front dieses für unseren Flughafen lebenswichtige Postulat mit der ihm eigenen Vehemenz verfocht.

Dass Theodor Stauffer heute seine „Erinnerungen" als Flughafendirektor während eines Zeitraumes von nahezu dreissig Jahren aufgezeichnet hat und sie der Öffentlichkeit zugänglich macht, ist ebenso erfreulich wie verdienstvoll. Er leistet damit einen wertvollen Beitrag zur Geschichte Basels in der Luftfahrt.   E. D.

Einleitung

Ich liebe Seemannslieder. Besonders alte Songs, aber auch Shanties haben es mir angetan. Solche neueren Datums können wundervoll sentimental sein. Seemannslieder sind ein Ausdruck alter Traditionen. Sie erzählen von Abenteuern, Eroberungen, Piratentum und von der weiten Welt voller Geheimnisse und Überraschungen. — Warum, so habe ich mich öfters gefragt, stehen den vielen Seemannsliedern so wenige und — wenn schon — so banale Fliegerlieder gegenüber? Im Grunde genommen bedeutet doch die Luftfahrt uns heutigen Menschen das Gleiche wie das, was die Seefahrt unseren Vorfahren an Interesse, Unterhaltung und Nervenkitzel geboten hat. Wahrscheinlich hat sich die Luftfahrt so rasch entwickelt, dass die Zeit nicht ausreichte, um sie in den Schatz der Volkslieder aufzunehmen.

Der Mensch ist zur See gefahren, seit es ihn überhaupt gibt. Ein zielgerichtetes Fliegen aber beherrscht er erst seit dem Beginn dieses Jahrhunderts. Im Ersten Weltkrieg wurde das Flugzeug so weit entwickelt, dass bescheidene Lufttransporte gewagt werden konnten. Der Zweite Weltkrieg öffnete dem Luftverkehr den Weg zum Massentransportmittel über Kontinente und Ozeane hinweg. Er wurde zum grossen Geschäft. Die Zwischenzeit war viel zu kurz und viel zu hektisch für sentimentale Lieder.

Dieses Buch trägt den Titel eines der wenigen — und, wie ich finde, guten — Lieder, die trotzdem über die Fliegerei entstanden sind. Wer einmal in einem kleinen Flugzeug die Wolkendecke durchstossen hat und die Weite des Firmaments vor sich sieht, der weiss, was Reinhard Mey mit diesem Lied sagen will. Es ist ein grosses und befreiendes Gefühl, wenn man nach einem Flug durch dunkle, dräuende Nebel oder durch phantastisch sich auftürmende Wolkengebilde plötzlich in die blaue Weite eintaucht.

Mit diesem Hochgefühl endet aber leider die „grenzenlose Freiheit" schlagartig. Der Pilot hat andere Sorgen: Airways, Funkfeuer, Radarführung, Überflugverbote, Nachtflugverbote, lärmmindernde Flugverfahren, Verkehrskontrolleure, sie alle und noch viel mehr lassen ihm keine Zeit zum Träumen.

Alle diese Beschränkungen sind notwendig. Sie dienen der Sicherheit des Luftverkehrs und seiner Integration in die gesamte Umwelt. Schwieriger verständlich sind andere tiefgreifende Einschränkungen, unter denen der heutige kommerzielle Luftverkehr leidet. Dies gilt besonders für einen Flugplatzdirektor, dem die Pflicht und Schuldigkeit auferlegt worden ist, den Verkehr auf seinem Flughafen zu mehren. Das Flugzeug hat den unendlichen Himmel erobert, und dennoch gibt es kein anderes Verkehrsmittel, das dermassen von politischer und wirtschaftlicher Macht dirigiert wird. Der Normalkunde, der sich für den Luftverkehr in Basel—Mulhouse interessiert und der nur schwer begreift, warum er hier schlechter bedient wird als in Paris, Frankfurt oder Zürich, weiss wenig von diesen Zusammenhängen. Dieses Buch soll mithelfen, für unseren Flughafen Verständnis zu wecken und seine Möglichkeiten, sowohl im positiven wie auch im negativen Sinn, abzugrenzen.

Immer mehr bringen uns unsere Massenmedien dazu, nur noch schwarz oder weiss zu denken und zu urteilen. Unser Flughafen ist entweder eine Investitionsruine, oder der übermässige Lärm seiner vielen Flugzeuge lässt alle Anwohner krank werden. Entweder wird er zum alleinigen Retter von Handel und Industrie im Dreiländereck emporgejubelt, oder aber zum Provinzgag à la Clochemerle verdammt. Gegen beide Extreme versuche ich seit nahezu dreissig Jahren anzukämpfen. Wenn ich ohne Groll und leicht amüsiert zurückblicke, muss ich sagen: Der Erfolg war recht gering. Je nachdem ich gegen Extreme Stellung bezog, war ich entweder ein hochstapelnder Idealist, der das Volk mit falschen Versprechen nasführte, oder aber ein chronischer Pessimist, der keinen Glauben an die Zukunft aufbrachte und deshalb die gloriose Entwicklung zum europäischen Grossflughafen mit einer schweren Hypothek belastete.

Basel—Mulhouse ist kein grosser Flughafen. Er ist keine Drehscheibe einer nationalen Luftverkehrsgesellschaft und damit wohlgeordneter Bestandteil der Luftverkehrs-Aristokratie. Im Interesse, neuen Verkehr zu schaffen, mussten wir uns — oft mehr als uns lieb war — mit der zweiten Garnitur, ja sogar mit der Plebs und den Randfiguren des Luftverkehrs herumbalgen. Daraus entstanden im Verlauf der Zeit viele lustige, nachdenkliche, aber auch traurige Geschichten und Anekdoten. Einige davon erscheinen mir wert, festgehalten zu werden.

Dr. Eugen Dietschi, mein guter Freund und in früheren Zeiten Mitglied unseres Verwaltungsrates, hat in vielen Publikationen Basels Luftfahrt seit ihren Anfängen beschrieben. Es liegt mir fern, dem Pionier und Künder des Basler Luftverkehrs ins Handwerk zu pfuschen, doch hoffe ich, dass dieses Buch eine kleine Ergänzung seines grossen Werkes sein wird.

Wie wird man Flughafendirektor?

Im Verlaufe meiner langjährigen Tätigkeit als Chef eines Flughafens habe ich viele Kollegen im In- und Ausland kennengelernt. Gemeinsame Interessen, gemeinsame Schwierigkeiten, aber auch Erfolge haben uns über die Jahre recht nahe gebracht. Es entstanden viele echte und dauernde Freundschaften.

Als nach dem Zweiten Weltkrieg der zivile Luftverkehr sich erneut zu regen begann, wurden auf den oft auf Trümmern wiederaufgebauten Zivilflughäfen die Flugplatzdirektoren der Vorkriegszeit wiederum tätig. Sie, die den Krieg glücklich überlebt hatten, und ihre neuen Kollegen waren in den meisten Fällen ehemalige Flieger, Pioniere der Luftfahrt. Bereits in den fünfziger Jahren wurde diese alte Garde nach und nach durch einen neuen, jüngeren Typus ersetzt. Das waren entweder Techniker, Juristen oder Betriebswirte, die alle in irgendeiner Form vom modernen, wirtschaftlich sich etablierenden Luftverkehr der Nachkriegszeit geformt worden waren.

Die Ablösung von einer Kategorie zur andern war oft recht hart. Sie ist zu vergleichen mit dem Wechsel von Propeller- zu Düsenflugzeugen, der bei einigen Piloten grosse persönliche Probleme auslöste und hin und wieder sogar tragisch endete. Es gibt kaum andere Wirtschaftszweige, die Menschen dermassen verbrauchen, wie dies der Luftverkehr während seiner riesigen Expansion nach dem Zweiten Weltkrieg getan hat.

Nur wenige Flugplatzdirektoren der ersten Garde konnten diese rasante Entwicklung mithalten und ihren Posten bis zum normalen Rücktrittsalter halten. Einer davon ist Charles Bratschi, der den Genfer Flughafen bis 1972 mit Erfolg geleitet hat. Meinem Vorgänger, Charles Koepke, war Gleiches nicht beschieden. Er, das Symbol und der Förderer der jungen Zivilluftfahrt Basels, musste — trotz seiner grossen Verdienste in den zwanziger und dreissiger Jahren — nach dem Krieg vorzeitig zurücktreten.

Kaum jedoch hatte sich auf den europäischen Flughäfen diese Ablösung vollzogen, kam bereits die dritte Kategorie der Flugplatzdirektoren zum Zug. Vielen von ihnen war der Luftverkehr fremd. Finanz- und Bankfachleute, Logistiker, hin und wieder sogar Politiker, wurden ernannt.

Innerhalb nur einer einzigen Generation hat sich der Typus des Flughafendirektors dreimal vollständig gewandelt. So rasch entwickelte sich der Luftverkehr und wandelten sich die beruflichen Voraussetzungen derer, die ihn betrieben.

Doch kehren wir zurück zur mittleren Generation, von der ich glaube ein mehr oder minder typischer Vertreter zu sein. – Wie wurde ich Flughafendirektor?

Es begann mit einem nationalökonomischen Studium an der Universität Bern. Es herrschte Krieg, und wir hatten grosse Mühe, während der kurzen Studienzeiten die akademische Freiheit mit der militärischen Disziplin in den vielen Ablösungsdiensten in Einklang zu bringen. Das Militär war stärker als das Studium. Dies war wohl der Grund dafür, dass die praktische Nationalökonomie für mich ein Buch mit sieben Siegeln geblieben ist und ich noch heute in Angstträumen die Führer unserer Volkswirtschaft mit Zauberlehrlingen verwechsle. Der Betriebswirtschaftslehre Professor Walthers dagegen konnte ich bedeutend mehr abgewinnen. Die Materie des Betriebes schien mir fassbarer und viel leichter zu beherrschen und zu lenken als der komplexe Organismus „Volkswirtschaft", bei dem man ja nie genau weiss, mit welchen Überraschungen er auf irgendwelche Eingriffe reagiert.

Professor Alfred Walther war ETH-Ingenieur und ein grosser Bewunderer der industriellen Kostenrechnung, wie sie damals, besonders in Deutschland, gross im Schwange war. Es war sein Verdienst, die Grundsätze dieser Kostenrechnung auf Dienstleistungsbetriebe übergeführt zu haben. Nachdem er damit im Bereich des Gastgewerbes grosse Erfolge erzielt hatte, wurden andere Dienstleistungsbetriebe untersucht. Dies tat er mit Hilfe seiner Studenten, und auf diese Weise kam ich zum Luftverkehr. Er verhalf mir zu einem Aufenthalt bei der Swissair in Dübendorf, um Material für meine Dissertation zu sammeln. Bei meiner Arbeit wurde ich durch Vorkommnisse abgelenkt, die zwar meiner wissenschaftlichen Arbeit abträglich waren, mir aber unvergessliche Eindrücke hinterliessen und mir die Fliegerei so nahe brachten, dass ich sie zeit meines Lebens nicht mehr lassen konnte.

Immer wieder, oft mehrere Male im Tag, rissen mich Alarmsirenen von meiner Arbeit weg, und ich verfolgte die gewagten Landemanöver amerikanischer Bomber, die aus vielerlei Gründen ihren Auftrag nicht mehr erfüllen konnten und, entweder freiwillig oder geleitet durch unsere Jagdstaffeln, in Dübendorf ihren Kampf aufgaben. Beschädigt, angeschossen, flügellahm, oft noch vollbeladen mit Bomben, vollführten die Fliegenden Festungen und Liberators die tollkühnsten Manöver, die meist mit einer

12

Bauchlandung endeten. Im Anflug auf den zu kurzen Pisten oder bei notwendig gewordenen halsbrecherischen Durchstarts hatten wir Zuschauer das bange Gefühl, die Flugzeuge müssten die Dächer der umliegenden Gebäude berühren. Kaum zum Stillstand gekommen, stürzten sich die Mitglieder der Besatzungen aus dem Flugzeug und küssten aus Dankbarkeit für das wiedergegebene Leben den Erdboden. Andere mussten durch Sanitäter aus ihren – wie beim Heckschützen oft grausam einsamen – Posten tot oder lebendig befreit werden.

Längs des Flugfeldes wurden diese Riesenvögel dutzendweise auf die Seite gestellt und warteten dort auf ihren Abbruch. Es brauchte wenig Phantasie, um die Dimensionen des künftigen Luftverkehrs zu erahnen, wenn man sich vorstellte, es werde nur ein Bruchteil des geistigen und technischen Aufwandes, der dem Irrsinn des Krieges gedient hatte, später für friedliche Zwecke investiert.

Am Anfang meiner Dissertation, die im Jahre 1945 gedruckt worden ist, stehen denn auch die folgenden beiden Sätze: ,,Ähnlich der entscheidenden Bedeutung, die das Flugzeug in der Kriegsführung hat, wird dessen Bedeutung nach dem Kriege für die wirtschaftliche Vormachtstellung der einzelnen Staaten sein.'' – ,,Das Überwinden weltweiter Entfernungen und das Erreichen grösster Ladefähigkeit der Flugzeuge werden die Hauptcharakteristiken der kommenden Periode des Luftverkehrs sein.''

Den Einfluss der wirtschaftlichen und politischen Macht im Luftverkehr bekam ich später als Flugplatzdirektor mehr als mir lieb war zu spüren. Auch die Voraussagen über die Kapazität waren richtig. Hätte mir aber damals in Dübendorf einer behauptet, nach Ablauf von kaum 25 Jahren gäbe es Flugzeuge, dreimal so schnell wie die Fliegenden Festungen und mit nahezug 500 Passagieren, hätte ich überlegen gelächelt und die bebekannte Bewegung der Hand zum Kopf vollführt. Diese Tendenz zu immer grösseren Flugzeugen hat uns späteren Direktoren von mittleren und kleinen Flughäfen grosse Sorgen bereitet.

Aber wie dem auch immer sei, meine Dissertation gedieh zur vollen Zufriedenheit meines Professors. Es war ein Beitrag zur Kostenlehre eines Luftverkehrsbetriebes und gipfelte in der Darstellung der Einheitskosten (Kosten pro angebotenen Tonnenkilometer) für einzelne Flugzeugtypen und auf einzelnen Strecken. Die Swissair hat später ihr Rechnungswesen nach diesen Grundsätzen ausgebaut und um ein Vielfaches verbessert und verfeinert. Aber auch hier blieb mir die Ironie des Schicksals nicht erspart. Wie oft wurden mir in späteren Jahren von den Streckenplanern der Swissair, auf der Basis meiner eigenen früheren Thesen, die roten Zahlen diverser Strecken nach Basel vorgehalten.

13

Ausgestattet mit dem Doktorhut fand ich bald eine erste Stelle als Direktionssekretär bei der Alpar auf dem Berner Belpmoos. Die Alpar hatte nach langer Wartezeit ihre Vorkriegsflugzeuge aus dem Hangar hervorgeholt und war eben daran, sich aktiv am Luftverkehrsboom der unmittelbaren Nachkriegszeit zu beteiligen. Im Gegensatz zu den Dreissigerjahren, wo die Alpar ein innerschweizerisches Netz bedient hatte, flogen wir nun international: Linienverkehr nach Genf, Lyon und Marseille, „regelmässigen Bedarfsverkehr" (das gab es schon damals) nach London und Paris. Die Nachfrage nach Charterflügen war märchenhaft. Die Flugstunden unserer Flugzeuge, der DH-89—Dragon Rapid und der Koolhoven FK-50 (von uns nach ihrem Piloten „Madame Sauge" getauft), stiegen ins Unermessliche. Telefone wie „Ich muss unbedingt übermorgen in Lissabon sein, koste es was es wolle" waren an der Tagesordnung.

Ein solcher Betrieb stellte uns vor grosse, vor allem zeitliche Probleme beim Einholen der notwendigen Landebewilligungen. Zum Leidwesen der zuständigen Beamten beim Eidgenössischen Luftamt hatten wir eine eigene Methode entwickelt. Die Flugzeugbesatzung trug mehrere Stangen Zigaretten auf sich, und für den Fall, dass diese nicht genügten, hatte sie einige „Goldvreneli" in Reserve.

Aber die Alpar wollte eine richtige Luftverkehrsgesellschaft werden, mit modernen Flugzeugen. Herman Schreiber, unser damaliger technischer Chef, rechnete, plante und stellte Anträge. Plötzlich standen sie da, riesengross auf dem kleinen Belpmoos: drei DC-3 Dakota!
Sie sind nie unter Alpar-Flagge geflogen.
Zum ersten Mal hatte ich ein Erlebnis, das sich in meiner späteren Karriere in ähnlicher Weise wiederholen sollte. Zwar existierte damals das neue Luftfahrtgesetz mit dem berühmten Artikel 103 noch nicht, der vorschreibt, dass im allgemeinen Interesse liegende Linien einer gemischtwirtschaftlichen Luftverkehrsgesellschaft vorbehalten seien. Trotzdem wurde eine Lösung in diesem Sinne gefunden. Die Methode war nicht absolut konform und hatte mit jener Praxis grosse Ähnlichkeit, die wir selber verwendeten, um Landerechte gegen Goldvreneli einzutauschen. Buchstäblich über Nacht reichten sämtliche Alparpiloten ihre Kündigungen ein. Die Swissair hatte sie zu weit besseren Bedingungen eingestellt. Der Traum der Alpar war ausgeträumt. Nach den Piloten wechselten auch die Dakotas zur Swissair, und ich erhielt eine Stelle als „Economist" bei der Internationalen Organisation für Zivilluftfahrt in Montreal, die damals noch provisorisch war und sich abgekürzt PICAO nannte (heute ICAO).

Die Arbeit bei der PICAO erlaubte wertvolle Einblicke in das internationale Gefüge des Luftverkehrs. Soweit es sich um technische Probleme handelte, war die Effizienz dieser Organisation erstaunlich hoch. Ein reibungsloser Ablauf des Luftverkehrs über alle Grenzen hinweg machte eine Vereinheitlichung der Technik notwendig. Im Gegensatz dazu tat sich die PICAO bei Fragen kommerzieller und wirtschaftlicher Art unheimlich schwer. Man war schon damals hin und wieder versucht, den Sinn zu diesem Tun in Frage zu stellen. Dies wurde mir besonders deutlich, als kurz vor meinem Weggang ein Projekt zu Grabe getragen werden musste, das für die spätere Entwicklung der internationalen Luftfahrt, und nicht zuletzt auch für die Entwicklung des Basler Flughafens, von grosser Bedeutung hätte sein sollen. Es handelte sich um das multilaterale Abkommen über die Gewährung von Verkehrsrechten. Die letzte Konferenz über dieses Thema fand im Frühsommer 1948 in Genf statt. Sie stand unter dem Vorsitz von Professor Eduard Amstutz, einem schweizerischen Experten für Zivilluftfahrt, der international grosses Ansehen genoss. Leider blieb ihm am Ende dieser Konferenz nichts anderes mehr übrig als festzustellen, der Abschluss eines multilateralen Abkommens sei unmöglich geworden.

Sofort nach Kriegsende waren es vor allem die Vertreter der USA gewesen, die eine einheitliche, möglichst freizügige Regelung der Verkehrsrechte befürworteten. Die Luft sollte ebenso frei sein wie die Weltmeere. Die Mehrzahl der andern Staaten, in der Angst, von den Mächtigsten der Lüfte erdrückt zu werden, verzögerten den Abschluss eines entsprechenden Abkommens um Jahre. Die Amerikaner waren jedoch technisch bereit, kommerziell über die Weltmeere zu fliegen, und blieben ihrerseits nicht untätig. Nach und nach schlossen sie mit einzelnen Staaten bilaterale Verträge ab. Viele dieser Staaten fürchteten sich, vom Weltluftverkehr abgeschnitten zu werden, und waren deshalb in der Erteilung von Verkehrsrechten nicht kleinlich. So kam es dazu, dass die Amerikaner eines Tages über ein erstaunlich liberales, weltumspannendes Luftverkehrsnetz verfügten. Insbesondere erlaubten viele dieser Abkommen den Amerikanern, Verkehrsgut zwischen zwei fremden Staaten hin und her zu befördern. Nachdem sie verstanden hatten, diese sogenannte „fünfte Freiheit des Luftverkehrs" im Einzelgang von vielen Staaten einzuhandeln, zeigten sie in Genf kein Interesse mehr für ein multilaterales Abkommen. Es kam zu den unzähligen bilateralen Abkommen zwischen den einzelnen luftverkehrtreibenden Nationen. In diesen Abkommen wurde die fünfte Freiheit – die heilige Kuh des Luftverkehrs – praktisch nicht mehr gewährt. Mit der grenzenlosen Freiheit des Himmels war es endgültig vorbei.

Am 1. Oktober 1948 wurde ich Adjunkt und Stellvertreter von Dr. Ernst Altdorfer, dem Leiter des Flughafens Zürich. Er lehrte mich, wie ein schweizerischer Flughafen betrieben wird, und ich konnte meine betriebswirtschaftlichen Kenntnisse und die in Montreal gesammelten internationalen Erfahrungen einbringen.

Der Verkehr in Kloten wuchs und wuchs; wir konnten uns seiner kaum erwehren. Das Wort „Marketing" kannten wir kaum, hatten wir doch genug damit zu tun, neue Luftverkehrsgesellschaften, die sich unbedingt in die Drehscheibe des Swissair-Verkehrs hineindrängen wollten, zu ihrer Zufriedenheit unterzubringen. Später in Basel war es eher frustrierend, Vorwürfe des Inhaltes entgegennehmen zu müssen, man sei halt hier nicht fähig, den Flugplatz zu verkaufen, in Zürich hätten sie das viel besser gekonnt.

Am 1. Oktober 1954 wählte mich der binationale Verwaltungsrat zum Direktor des Flughafens Basel—Mulhouse.

Oben: Der alte Flugplatz Sternenfeld-Birsfelden, aufgenommen am 14. Mai 1937. Vor dem „Stationsgebäude" eine DC-2-Kursmaschine der Swissair.
Unten: Handley-Page HP 42 „Heracles" der Imperial Airways im Linienverkehr London–Basel–Zürich am 14. Mai 1932 auf dem Basler Flugplatz Sternenfeld-Birsfelden. Sammlung Dr. Eugen Dietschi.

Luftbild des Flughafens Basel–Mulhouse mit Abfertigungsgebäude und
Flugzeugabstellplatz, Sommer 1970.

Sammlung Flughafen Basel–Mulhouse   18

Prognosen, Pläne, Bauten

Es war im Sommer 1957. Zusammen mit Thedy Beck, dem Architekten des Flughafens, reiste ich quer durch die Vereinigten Staaten von Flugplatz zu Flugplatz, um für das bei uns geplante Aufnahmegebäude Ideen zu sammeln.

Einem meiner amerikanischen Kollegen der Westküste – er trug einen breiten Gürtel mit riesiger Schnalle und einen Dallas-Hut – stellte ich die Frage, auf welchen Grundlagen denn bei ihnen geplant würde. Von Prognosen halte er nichts, war die überraschende Antwort. „Was wir als gut betrachten, bauen wir, und bis heute haben wir immer noch Mieter gefunden." Damals fühlten wir uns sehr erhaben über dieses, wissenschaftlich gesehen, so haltlose Geschwätz. Heute bin ich nicht mehr sicher, ob unser Yankee nicht besser beraten war als viele unserer gegenwärtigen Prognosefanatiker. Mit der Zeit bin ich Prognosen gegenüber immer vorsichtiger geworden. Je komplizierter die mathematischen Formeln, auf denen sie beruhen, und je unverständlicher deren Namen – wie Multivarianten-Analyse, Delphi-Methode (nomen est omen), Brainstorming-Methode, morphologischer Kasten – desto skeptischer darf man füglich sein. Wenn man vor all dem nicht in Ehrfurcht erstarrt und der Sache auf den Grund geht, so erkennt man etwas sehr Einfaches. Alle Methoden führen mit irgendwelchen mehr oder weniger gekonnten Variationen den bestehenden Entwicklungstrend weiter.

Wäre dem nicht so gewesen, hätte man im Luftverkehr im Verlauf der beiden letzten Jahrzehnte nicht mit Wachstumsraten von 10 – 20 Prozent bis weit in die neunziger Jahre gerechnet. Was ganz besonders zu denken gibt, ist die Tatsache, dass anfangs der Verkehr diesen viel zu hohen Prognosen gefolgt ist. Der Rückschlag in die harte Wirklichkeit war dann aber umso stärker. Trotz der mit allen Kunstgriffen gesteigerten Nachfrage konnte der Bedarf dem noch mehr gestiegenen Angebot nicht mehr folgen. Dies umso mehr, als das Angebot von Monat zu Monat immer noch mehr wuchs, weil die vor Jahren in der Wachstums-Euphorie bestellten Flugzeuge zur Auslieferung gelangten.

19   Dies ist ein kurzer Hinweis auf Investitionsprobleme der Luftverkehrs-

gesellschaften. Jene der Flughäfen sind noch schwieriger. Pisten und Hochbauten sind langlebiger als Flugzeuge. Deshalb haben Flugplätze grössere Schwierigkeiten, ihre Investitionen den sich ändernden Verhältnissen anzupassen. Grössere Drehscheiben des Luftverkehrs können sich immerhin noch dem langfristigen Flottenprogramm der auf ihnen basierten nationalen Gesellschaft anpassen, die normalerweise runde 50 Prozent ihres Gesamtverkehrs bestreitet. Flugplätze zweiter Ordnung dagegen — wie Basel—Mulhouse — sind gezwungen, kurzfristiger und oft auch risikoreicher zu investieren, um sich bietende Möglichkeiten nutzen zu können. Eine der schwierigsten Aufgaben der Leitung eines solchen Flughafens ist die folgende Beurteilung: „Kann eine sich bietende Möglichkeit mit Hilfe einer Neuinvestition realisiert werden, oder ist das Risiko einer Fehlinvestition zu gross?"

Wissenschaftliche Verkehrsprognosen haben mir zur Lösung dieses Problems wenig genützt. Auch nicht jene der Regio Baisiliensis, die 1969 mit grosser Aufmachung publiziert worden ist und die für das Jahr 1980 2,9 Millionen Passagiere voraussagte, also rund dreimal mehr als die dann effektiv erreichte Anzahl. Trotz meiner Proteste, die gegenwärtige Lage des Luftverkehrs und insbesondere jene unseres Flughafens erlaube keine Prognose über zehn Jahre hinaus, wurden für 1990 ohne die geringsten Hemmungen 5,6 Millionen Passagiere vorausgesagt. Dies sollte sich, wie wir noch sehen werden, negativ auswirken.

Bei den Tiefbauten des Erstausbaues, die 1953 praktisch beendet waren und 34,5 Millionen Franken kosteten, stellte sich dieses Problem der Unsicherheit noch in weit geringerem Masse. Man konnte sich zum grossen Teil an international gültige Normen halten.

Schwieriger gestaltete sich die Planung der Hochbauten. Im Juli 1958 unterbreitete der Regierungsrat von Basel-Stadt dem Grossen Rat einen Ratschlag mit Kosten in der Höhe von 53,8 Millionen Franken. Nicht zuletzt unter dem Eindruck der gerade damals grossen Verkehrsentwicklung (1957: 192 000; 1959: 313 000 Passagiere) erhöhte der Grosse Rat den Kredit auf 75 Millionen Franken. Damit war die Vorlage überladen, und das Basler Volk legte im Juni 1960 sein Veto ein, wenn auch nur mit einem Zufallsmehr (11 517 Nein, 11 004 Ja). Immerhin wurde ein Kredit in der Höhe von 1,9 Millionen Franken für die Verbesserung der Provisorien bewilligt. Dies erlaubte eine einigermassen annehmbare und fachgerechte Abfertigung von Passagieren und Fracht.

Der zweite Anlauf mit einem reduzierten Projekt, das ungefähr dem Ratschlag der Regierung vom Juli 1958 entsprach, hatte mehr Erfolg. Im Oktober 1962 genehmigte das Basler Volk mit 16 675 Ja gegen 8742 Nein einen Kredit von 54,5 Millionen Franken für die Erstellung der Hochbauten.

Die Werfthallen waren im Sommer 1966 fertig und konnten am 7. Juli jenes Jahres mit einer „Muggedätscher"-Sendung unter Mitwirkung von Radio Basel und dem Elsässer Radio dem Publikum vorgestellt werden. Die über das Radio eingeladenen Basler und Elsässer strömten in grossen Mengen auf den Flughafen. Es wurde ein gelungenes Fest mit allen wichtigen lokalen Honoratioren. Sogar der neugewählte Stapi von Zürich, Sigi Widmer, wurde mit einem Spezialflugzeug der Balair eingeflogen.

Der Flughof wurde im März 1970 dem Betrieb übergeben, nachdem seine Grundsteinlegung mit einem kleinen Flugmeeting unter Assistenz der Patrouille Suisse und der Patrouille de France gefeiert worden war. Am 26. Juni 1970 zelebrierten der französische Präsident Georges Pompidou und Hans-Peter Tschudi, Bundespräsident der Schweizerischen Eidgenossenschaft, die offizielle Eröffnung des Flughofes. Es war fürchterlich heiss und schwül. Die Basler und insbesondere auch die Elsässer zeigten für ihre beiden Präsidenten weit weniger Begeisterung als für die hohe Schule der Kunstflugstaffeln anlässlich der Grundsteinlegung. Der feierliche Akt wickelte sich vor praktisch leeren Tribünen ab, die wir für teures Geld bereitgestellt hatten.

Schon die Grossratskommission, welche die erste Vorlage prüfte, verlangte energisch und unverzüglich die Verlängerung der Hauptpiste. Es nütze nichts, einen Bahnhof zu bauen, wenn die Perrons nicht lang genug seien, um die Schnellzüge aufzunehmen. Diese umwerfend einfache Feststellung eines Kommissionsmitgliedes bewies mir wieder einmal, dass ich mit meinen Erklärungen inbezug auf Abhängigkeit von Pistenlänge zu Abfluggewicht, Gegenwind, Aussentemperatur und inbezug auf Sicherheitsmarge beim Ausfall eines Triebwerkes kläglich versagt hatte. Die Sache ist ja in der Tat nicht einfach, insbesondere wenn man bedenkt, dass das Abfluggewicht eines Flugzeuges auch reduziert werden kann, indem man statt weniger Passagiere weniger Triebstoff mitnimmt. Es ist deshalb möglich, auf einer kurzen Piste mit einem mit Nutzlast vollbeladenen Flugzeug zu starten. Seine Reichweite ist aber dann beschränkt; es müsste zum Auftanken zwischenlanden, was wirtschaftlich nicht tragbar ist.

Auch die Pistenverlängerung konnte erst im zweiten Anlauf realisiert werden. Die erste Vorlage, die den Kanton Basel-Stadt mit rund 26 Millionen Franken belastet hätte, wurde im Dezember 1971 mit 25 547 Nein gegen 21 321 Ja verworfen. Die zweite Vorlage belastete den Kanton ungefähr gleich (23 Millionen Franken zu Lasten Kanton, 12 Millionen zu Lasten

Bund und als Unikum 5 Millionen Franken zu Lasten Privater), war aber mit einer Reihe von Sicherungen inbezug auf Lärmbelastungen gekoppelt. Sie wurde im April 1976 mit 27 704 Ja gegen 16 481 Nein angenommen.

Kurz vor der ersten Abstimmung hatte eine Studie der Regio Basiliensis über die Lärmbelastung in der Umgebung des Flughafens die Öffentlichkeit stark beunruhigt. Diese Studie hat meines Erachtens viel zum negativen Ergebnis beigetragen. Die darin prognostizierten Lärmkurven sind masslos übertrieben, weil sie erstens auf den eingangs dieses Kapitels erwähnten viel zu hohen Verkehrsprognosen beruhen und weil zweitens technische Verbesserungen im Lärmverhalten der Flugzeuge nicht berücksichtigt wurden.

Die relativ gute Annahme der zweiten Vorlage war nicht nur auf die gut geführten Propagandaaktionen zurückzuführen. Die Tatsache, dass kurz vor dem Abstimmungstermin die erstmals beunruhigend anwachsenden Arbeitslosenzahlen publiziert wurden, mag viel zum Resultat beigetragen haben.

Vor der zweiten Abstimmung rührte die Swissair kräftig die Werbetrommel und beteiligte sich, wie andere Privatfirmen, mit einem ansehnlichen Beitrag à fonds perdu an den Kosten.

Wenn man das spätere Verhalten der Swissair gegenüber dem Flughafen Basel–Mulhouse berücksichtigt, ist diese Aktivität schwer verständlich. Natürlich war die Swissair an einer Verbesserung der schweizerischen Infrastruktur des Flughafens interessiert, zur Hauptsache im Hinblick auf künftige Entwicklungen. Man kann sich aber des Eindruckes nicht erwehren, einige massgebende Stellen innerhalb der Swissair hätten damals andere Befürchtungen gehegt. Es scheinen juristische Gründe gewesen zu sein, die im Zusammenhang mit der nicht einfachen binationalen Rechtslage des Flughafens standen. Im Grunde war doch folgendes geschehen: Der Verwaltungsrat des Flughafens hatte den Beschluss zur Pistenverlängerung gefasst. Dieser Beschluss wurde rechtsgültig, nachdem ihn die Aufsichtsbehörden in Bern und Paris genehmigt hatten, wie dies im Staatsvertrag vorgesehen ist. Hätten nun die Basler die Finanzierung verweigert, so hätte sich Frankreich den juristischen Standpunkt zu eigen machen können, die Schweiz komme ihren vertraglichen Verpflichtungen nicht nach, und deshalb könne die Französische Republik den Staatsvertrag aus wichtigen Gründen kündigen. Die Folge davon wäre ein praktisch französischer Flughafen gewesen, mitten in einem Einzugsgebiet, dessen immerhin ansehnliches Potential gemäss den internationalen Regeln der Swissair zukommt.

Ich selber kann diesen doch eher formalistischen Überlegungen nicht recht folgen. Basel–Mulhouse wird nur erfolgreich weiterbestehen, wenn die Zusammenarbeit beider Partner gesichert ist. Beim Ausfall eines Partners könnte in der Praxis das Verkehrspotential im Einzugsgebiet des andern Partners kaum richtig genutzt werden. Mir scheint deshalb, dass für die Swissair die Gefahr des Verlustes eines beträchtlichen Verkehrspotentials weit grösser ist, wenn sie die Bedienung dieses Flughafens in einem Ausmass vernachlässigt, wie sie dies im Jahre 1982 im Sinn gehabt hat.

Die Pistenverlängerung ist vorderhand das letzte Bauvorhaben, das mit öffentlichen Mitteln des Kantons Basel-Stadt finanziert worden ist. Die späteren Bauten hat der Flughafen selber, mit Hilfe von Bankdarlehen und mit selbst erwirtschafteten Mitteln finanziert. Dabei handelt es sich um die Unterkellerung eines Teiles des Frachtgebäudes zur Aufnahme eines Zollfreilagers, um die Erstellung einer Lagerhalle für Früchte, Gemüse und Blumen, die im Winter 1983/84 zu einer Unterhaltsbasis für die Crossair umgebaut worden ist, und schliesslich um eine Vergrösserung der Kapazität des Frachtgebäudes um nahezu das Doppelte.

Diese Bauten belasten die Betriebsrechnung des Flughafens mit Zins- und Amortisationskosten. Bei ihrer Realisation muss deshalb besondere Vorsicht walten, will man nicht Betriebsverluste riskieren, die gemäss Staatsvertrag entsprechend dem Verkehrsanteil von den beiden Partnern zu tragen sind. Solche Defizite mussten seit Beginn der sechziger Jahre nicht mehr bezahlt werden.

Es ist oft gesagt worden, der Flughafen Basel–Mulhouse habe sich nur deshalb so schlecht entwickelt, weil er zu spät realisiert und mit Verzögerungen ausgebaut worden sei. Eine dermassen einseitige Beurteilung ist kaum zutreffend. Zürich ist das wirtschaftliche Zentrum der Schweiz. Die Swissair musste ihr Verkehrskreuz und ihre Unterhaltsbasis dort aufbauen und nicht an einem peripheren, auf ausländischem Territorium gelegenen Ort.

Die Verzögerung in der Realisation der Hochbauten hat mir den Übernamen „Hüttenwart von Blotzheim" eingebracht. Wenn ich daran denke, wieviel Geld wir gespart haben, indem wir nicht die ersten Pläne eines definitiven Aufnahmegebäudes ausgeführt haben und noch für einige Jahre in den Baracken geblieben sind, betrachte ich diesen Namen als Auszeichnung. Mit den 200 000 bis 300 000 Passagieren in der zweiten Hälfte der fünfziger Jahre, die sich ihrerseits noch auf den schweizerischen und den französischen Sektor aufteilten, war es kaum möglich, ein einigermassen gescheites Definitivum mit vernünftiger Auslastung und

Lebensdauer zu planen. Diese Erfordernisse hat der heutige Flughof voll erfüllt, wenn er auch in aesthetischer Hinsicht nicht allen Wünschen gerecht geworden ist. In einem Leserbrief wurde er als „bünzlihaft" bezeichnet, was einen weiteren Leserbrief provozierte, in welchem sich eine Frau Bünzli über den despektierlichen Gebrauch ihres Namens beklagte.

Für die Werftanlagen war die Planung besonders schwierig, weil die Bedürfnisse ständig wechselten. Schlussendlich entschieden wir uns für zwei Unterhaltsbasen, eine für die neuentstandene Globair, die andere für die Balair. Alles schien perfekt, bis die Globair nach relativ kurzer Benützungszeit der Bauten konkurs ging. Glück hatten wir, dass quasi nahtlos die Jet-Aviation die ex-Globair-Anlage übernehmen konnte — aber das gehört in ein anderes Kapitel.

Auch mit der Blumen-, Früchte- und Gemüsehalle für die Agrexco, eine staatliche Exportfirma für landwirtschaftliche Produkte aus Israel, hatten wir am Ende Glück. Die von dieser Firma erstellten Prognosen über den Lufttransport ihrer Güter erwiesen sich wieder einmal als falsch. Während wir die Halle bauten, musste man feststellen, dass sich wichtige Voraussetzungen für diese Studie grundlegend änderten. So erlaubte beispielsweise die neue Regierung Israels einzelnen Privatfirmen, mit der Agrexco in Konkurrenz zu treten, womit diese das Exportmonopol verlor. Infolge der Erdölkrise verteuerten sich die Lufttransporte, und die Agrexco kehrte wieder zum Schiffstransport zurück, den sie stark verbesserte (zum Beispiel durch schnellere Schiffe sowie durch luftdichte Container mit einem speziellen Gas, das schnell verderbliche Früchte haltbar bleiben liess). Schliesslich wurden die israelischen Exporte mit Waren aus Afrika, Amerika und sogar aus Europa stark konkurrenziert.
Anstatt dass jede Woche mehrere Boeing 747 landeten, wurde die Halle zu einem Umschlagsplatz für Camions. Nachdem dann noch die Firma Lieblich AG, welche für den Umschlag der Waren zuständig war, in Konkurs gegangen war, war es sowohl für den Flughafen wie auch für die Agrexco ein grosses Glück, dass das Gebäude in eine Unterhaltsbasis der Crossair umgebaut werden konnte.

Trotz solchen zum Teil abenteuerlichen Wechseln in der Benützung der Hochbauten sind diese heute gut ausgelastet und zu hundert Prozent vermietet. Dies zeigt, dass der Yankee mit dem breiten Ledergurt im Jahre 1957 mit seinem Ausspruch halt doch nicht so unrecht hatte: „Wir bauen, irgendwie wird das Zeug später schon gebraucht".

Nach dem ersten „Nein" des Basler Volkes für die Pistenverlängerung im Jahre 1971 kam die Flughafenleitung, vor allem von französischer Seite her, unter Druck. Das Peugeot-Werk in Sochaux hatte in Kano, Nigeria, ein Montagewerk errichtet. Die in Sochaux hergestellten Einzelteile sollten mit Grossflugzeugen nach Afrika geflogen werden, und zwar gemäss folgendem Produktionsplan: 1975 5000, 1976 15 000, 1977 20 000 Personenwagen. Für Basel—Mulhouse schienen goldene Zeiten anzubrechen, lagen wir doch dem Peugeot-Werk am nächsten. Nur, unsere Piste war nicht lang genug, und eine Zwischenlandung zum Auftanken war aus Kostengründen unmöglich. Wir verloren dieses Geschäft, und die ganze Operation lief über den neuen Flughafen Lyon-Satolas, der in allen Teilen den Anforderungen genügte. Er wurde wichtiger Bestandteil eines riesigen Fliessbandes, das in Sochaux begann und in Nigeria endete. Die Transportkette dazwischen bestand aus Camions und Grossflugzeugen.

Aber auch in Lyon wuchsen die Bäume nicht in den Himmel. Zwar lief technisch alles wunderbar, nur hatten die Nigerianer plötzlich die Idee, sie sollten an diesem Geschäft etwas mehr verdienen. Sie verlangten, dass als Transportmittel nicht mehr französische Flugzeuge, sondern nigerianische Schiffe zum Einsatz kamen. Die grossen Lagerräume, die Lyon speziell für die Autotransporte errichtet hatte, standen von einem Tag zum andern leer.

Wie ich sagen hörte, haben diese Lagerhallen in der Zwischenzeit, getreu der Devise unseres Yankees, auch wiederum einen Mieter gefunden.

Bei der Beurteilung der Notwendigkeit von Investitionen ist es sicher falsch, jeder Chimäre nachzujagen. Noch gefährlicher ist es jedoch, aus Angst vor einer möglichen Fehlinvestition überhaupt nichts zu tun. Dies wäre das sichere „Aus" für jeden Flughafen. Mögliche Gewinne und Risiken sind sorgfältig gegeneinander abzuwägen, wobei die persönliche Erfahrung und der Gebrauch des normalen Menschenverstandes ebenso wertvoll sind wie die ebenfalls notwendigen wissenschaftlichen Methoden.

Man hat uns öfters vorgeworfen, die Pistenverlängerung sei unnütz gewesen und die dafür investierten Mittel seien vertanes Geld. Kaum sei die Piste verlängert, propagiere man das Konzept Regionalverkehr.

Was wir brauchen, sind nicht Konzepte, sondern einen optimal genutzten Flughafen. Dazu gehören neben den guten Europa-Verbindungen auch Langstrecken. Unser Flughafen muss, um auf die Dauer bestehen zu können, finanziell unabhängig werden. Es sind nun aber gerade die Langstrecken mit Grossflugzeugen, die finanziell interessant sind. Sie erbringen hohe Landetaxen, viele Passagiergebühren und bedeutende Nebeneinnahmen des Flughafens.

Am 28. Dezember 1978 konnte die verlängerte Piste in Betrieb genommen werden. Bereits am 2. Januar 1979 erfolgte der erste Langstreckenflug mit Touristen, ohne Zwischenlandung nach Pointe-à-Pitre in der Karibik. Seither gibt es nahezu täglich Flüge nach einer ganzen Reihe von anderen Destinationen in Übersee, sei es in Afrika, in Amerika oder in Asien.

Das finanzielle Gleichgewicht des Flughafens hätte ohne diesen Verkehr während der Rezession der letzten Zeit nie aufrecht erhalten werden können, und eine normale zukünftige Entwicklung des Flughafens wäre ohne die Möglichkeit von Langstreckenflügen nicht gewährleistet.

Bild Seite 27: DC-4 Carvair der British United Air Ferry mit dem Ballon „August Piccard" in Basel–Mulhouse, Sommer 1971. Foto Edi Marmet.

Das Provisorium der Flughafenanlage Basel–Mulhouse in Blotzheim mit
Spitzenverkehr dank Nebel-Ausweichlandungen, Winter 1964/65.

Foto Hans Bertolf   28

Das „Barackendorf von Blotzheim" im letzten Ausbauzustand vor dem Bau der neuen Abfertigungs- und Werftgebäude, August 1964.

Foto Swissair

Oben: Constellations der amerikanischen TWA bei Ausweichlandungen in Basel–Mulhouse wegen eines Streiks in Paris-Orly, Herbst 1955.
Unten: Der erste Autotransport mit einer DC-4 Carvair in Basel–Mulhouse am 7. April 1962. Als Transportgut diente ein historischer Rolls Royce Silver Ghost.   Archivbilder Flughafen Basel–Mulhouse

Die Engländer

Noch anfangs der fünfziger Jahre erreichte der Passagierverkehr auf dem neuen, binationalen Flughafen kaum die Vorkriegszahlen auf dem Sternenfeld (1938: 22 447; 1952: 26 849 Passagiere). Erst in der zweiten Hälfte der fünfziger Jahre hat der Verkehr eigentlich so recht begonnen. Es waren zur Hauptsache englische Touristen, die die Passagierzahlen des Flughafens von 68 000 im Jahre 1954 auf 313 000 im Jahre 1959 hinaufschnellen liessen.

Von diesen Engländern verbrachten im Grunde genommen nur einige wenige ihre Ferien in der Schweiz. Die meisten blieben nur wenige Tage und fuhren dann mit Cars weiter nach Österreich und Italien. Zuerst kamen vor allem Schüler und Schülerinnen in den Uniformen englischer Colleges. Dann Arbeiter und Arbeiterinnen, die sich mit dem Verdienst aus Überstundenarbeit einen Urlaub auf dem Kontinent erspart hatten. Schliesslich waren es vor allem auch Rentner und Rentnerinnen, die zum ersten Mal in ihrem Leben mit dem Flugzeug in die Ferien flogen. Es waren Passagiere mittlerer, ja sogar unterer Einkommensklassen, die hier in grossen Mengen ankamen und aller Welt bezeugten, dass das Flugzeug nicht mehr nur das Transportmittel einiger weniger Privilegierter war.

Geflogen wurde vorzugsweise zur Nachtzeit. Nachtflüge wurden von den Fluggesellschaften billiger angeboten. Zudem konnte der Veranstalter vierzehntägige Arrangements nicht zuletzt deshalb sehr billig anbieten, weil er nur zwölf Hotelnächte bezahlen musste. Die erste und die letzte Übernachtung erfolgten im Flugzeug, im Bus oder im Zug.

Während der Sommermonate, hauptsächlich über das Wochenende, herrschte auf dem Flughafen Basel–Mulhouse zwischen Mitternacht und vier Uhr morgens Hochbetrieb. Der provisorische Flugsteig war mit Flugzeugen voll belegt, auf den Parkplätzen warteten Schlangen von Autocars, Transitrestaurant und Warteräume überquollen. Auch in der Stadt Basel, am Bahnhof, herrschte keine Nachtruhe. Die Gruppen, die mit den letzten Zügen Basel erreichten, um heim zu fliegen, trafen sich mit jenen, die in Basel gelandet waren und nun auf die ersten Morgenzüge warteten.

Im Jahre 1962 entfielen vom Gesamtpassagierverkehr des Flughafens rund 70 Prozent auf Englandpassagiere. In verkehrswirtschaftlicher Sicht war diese Einseitigkeit natürlich ungesund. Trotzdem wäre es wichtig, die Gründe zu kennen, die zu diesem Engländer-Boom geführt haben. Wäre diese Frage nämlich leicht zu beantworten, schon längst wäre Basel goldenes Eingangstor Europas für amerikanische und japanische Reisegruppen.

Leider gibt es keine einzelne, klar definierbare Ursachen. Es ist vielmehr so, dass verschiedene Faktoren, rationale und irrationale, in einem kaum sichtbaren Zusammenspiel zum Erfolg geführt haben. Trotz den vielen Flügen im Sommerverkehr ist es uns beispielsweise mit allen Anstrengungen nie gelungen, den englischen Winterverkehr nach Basel zu lenken. Weder Luftverkehrsgesellschaften noch Reisebüros waren von der Tatsache zu überzeugen, dass unser Flughafen für Winterferien im Berner Oberland günstiger lag als Zürich. Ebenso stur, wie 1960 die englischen Charterer im Sommer Basel bedienten, ebenso stur wurde im Winter Zürich angeflogen.

Dr. Erhart – ich komme noch auf ihn zurück – hat mit diesem Verkehr begonnen, besonders mit den Schülerflügen. Das war vielleicht eine Art Initialzündung. Die Balair hat 1957 eine Vickers-Viking gekauft und sich an diesem Verkehr beteiligt, mehr aber nicht. Unsere Besuche bei englischen Reisebüros und Luftverkehrsgesellschaften haben sicher etwas geholfen, waren aber kaum ausschlaggebend. Erfolgreicher scheinen unsere Interventionen beim Eidgenössischen Amt für Verkehr gewesen zu sein, das nach langwierigen Verhandlungen den Weitertransport der Flugpassagiere mit englischen Autocars erlaubte.

Ich erinnere mich an meinen ersten Besuch beim Verantwortlichen für die Bewilligung von Charterflügen im britischen Luftfahrtministerium. Er war gewohnt, von Luftverkehrsgesellschaften umworben oder, je nachdem, unter Druck gesetzt zu werden. Sein Erstaunen, von einem Flugplatzdirektor beehrt zu werden, war grenzenlos. Er mobilisierte all den Charme, dessen ein „Civil Servant" Ihrer Majestät überhaupt fähig ist, und offerierte mir sofort einen Tee. Er bestätigte mir, dass unser Flugplatz einen grossen Teil seiner Arbeitskapazität beanspruche. Zum Beweis schickte er mir später den Rapport des britischen Transport-Ministeriums für das Jahr 1958. Von 455 Gesuchen für Pauschalflugreisen seien 282 bewilligt worden, und davon nicht weniger als 32 Flugketten nach Basel–Mulhouse, womit unser Flughafen den ersten Platz aller Destinationen einnahm.

Es gab viele englische Chartergesellschaften, die sich untereinander stark konkurrenzierten. Ihre Namen änderten rasch, und viele erfreuten sich nur einer recht kurzen Lebensdauer. Ein typischer Vertreter dieses nicht immer lupenreinen Geschäfts nannte sich Kosubsky. Als Angehöriger der polnischen Luftwaffe flüchtete er nach dem Überfall der Deutschen mit seinem Flugzeug nach England, wo er, wie viele seiner Landsleute, der RAF beitrat. Nach dem Krieg konnte er das Fliegen nicht mehr lassen und gründete mehrere Luftverkehrsgesellschaften, die auch Basel bedienten. Im Sinne guter Public Relations lud ich ihn nach Hause ein, und wir erlebten einige unterhaltsame und vergnügte Stunden. Eines Tages empfing mich meine Frau mit glänzenden Augen: ,,Jetzt geht's aufwärts mit deinem Flugplatz. Ich selber steige ins Geschäft ein und bringe dir Betrieb." – Was war geschehen? Kosubsky hatte sie fein zum Essen eingeladen und ihr zum Dessert die Gründung einer neuen Chartergesellschaft offeriert. Sie hätte nur den Posten des Präsidenten des Verwaltungsrates anzunehmen, finanziell würde sie nicht belastet. Mein ,,Nein" akzeptierte sie rasch, als ich ihr erklärte warum. Im harten Konkurrenzkampf des englischen Chartergeschäfts hatte sich eine Praxis herausgebildet, die, um sehr billig offerieren und trotzdem etwas verdienen zu können, folgendermassen funktionierte: Man gründete eine Flugzeugbesitzer-Gesellschaft, deren Zweck es war, Flugzeuge zu vermieten. Daneben beteiligte man sich an Flugzeug-Betriebsgesellschaften, die von ersteren die Flugzeuge zu guten Preisen mieteten, um sie dann unter Ansetzung billigster Tarife auf Charterreisen einzusetzen. Mit den Besitzergesellschaften verdiente man Geld, und wenn die Betriebsgesellschaften hoffnungslos in den roten Zahlen steckten, wurde deren Konkurs angemeldet. Für die nächste Saison flogen dann die gleichen Flugzeuge wieder unter dem Namen einer neuen Betriebsgesellschaft. Ich brauche nicht beizufügen, dass meine Frau Präsidentin einer Betriebsgesellschaft geworden wäre.....

Es ist klar, dass diese Spielchen nicht sehr lange dauern konnten. Neue britische Gesetze wussten sie zu verhindern. Eines der wichtigsten übertrug dem Luftfahrtministerium die Pflicht, die Erteilung einer Betriebslizenz an eine Chartergesellschaft von einer gesunden finanziellen Grundlage des Gesuchstellers abhängig zu machen. Es ist dies eine Bestimmung, die später auch in der Schweiz eingeführt wurde, und zwar mit der berechtigten Begründung, nur ein finanziell gut fundiertes Unternehmen könne für einen sicheren Betrieb Gewähr bieten.

Ungefähr zwanzig Jahre dauerte der Engländer-Boom auf dem Flughafen Basel–Mulhouse. Um 1965 erreichte er einen Höhepunkt, um dann langsam aber sicher abzunehmen. Wie beim Aufschwung gibt es auch für den Rückgang des Charterverkehrs keine klar definierbaren Gründe. Begonnen hatte er, als gegen Ende der sechziger Jahre die Rezession sich abzuzeichnen begann und die englischen Arbeiter keine Überstunden mehr leisten konnten. Dann erfolgte auch im Chartergeschäft der Übergang zu den Jet-Flugzeugen. Mit relativ wenig Mehrkosten flogen diese Jets von England direkt über die Alpen nach Italien. Schlussendlich versetzte das in Basel verfügte Nachtflugverbot den englischen Billigreisen den Todesstoss.

Damit ist aber die Geschichte der Engländer auf dem Flughafen Basel—Mulhouse nur zum Teil erzählt. Neben den Billigflügen muss auch der Spezialflüge für Besserbetuchte gedacht werden, die ihr „Car-Touring" nach dem Kontinent in Basel—Mulhouse begannen und beendeten. Die regelmässige Autofähre zwischen Southend und unserem Flughafen, mit manchmal sogar zwei Flügen pro Tag in jeder Richtung, begann am 7. April 1962 mit dem Transport eines Rolls Royce 1910, Silver Ghost. Sie endete am 28. Februar 1967 mit einem ganz normalen Transport, der aber wegen Nebels von Basel nach Zürich ausweichen musste und uns auf diese Weise das Elend des Abschiedes erst so richtig bewusst werden liess.

Schon in den fünfziger Jahren erfolgten regelmässige Automobiltransporte über den Kanal mit zweimotorigen Bristol-Freighter-Maschinen. Die Kapazität dieser Flugzeuge war jedoch in Bezug sowohl auf Ladung als auch auf Reichweite beschränkt. Erst als sich die British United Gruppe für diese Transporte interessierte, erreichte das Geschäft eine beachtliche Grösse. Ein Betrieb dieser Gruppe, die Aviation Traders in Southend, begann DC-4-Maschinen für Autotransporte umzubauen. Der Rumpf wurde im vorderen Teil erhöht und beträchtlich erweitert. Ähnlich wie bei einer Boeing 747 wurde die Pilotenkanzel in einem oberen Stockwerk untergebracht. Das Flugzeug erhielt vorne eine grosse Klapptür, durch welche mit speziellen Hebern 5—6 Personenwagen verladen und auf Schienen festgezurrt werden konnten. Im hinteren Teil des Flugzeuges konnten 25 Passagiere, Autoinsassen oder Normalreisende, Platz nehmen. In der Folge übernahm die British United Gruppe die Fluggesellschaft Channel Air Bridge mit ihren Bristol Freightern und taufte die neue Gesellschaft „British United Air Ferry". Neben den bisherigen Kanalüberquerungen, vor allem von Southend nach Oostende, wurden die Langstreckenflüge mit den umgebauten DC 4, den sogenannten Carvair, zu einem grossen Erfolg. Die englischen Autotouristen konnten viel Zeit gewinnen und langweilige Anfahrtswege zu den touristisch interessanten Gebieten des Kontinents vermeiden. Verglichen mit den Autozügen waren die Tarife voll konkurrenzfähig. Auch für die Luftverkehrsgesellschaft schienen sie, wenigstens während der ersten Betriebsjahre, kostendeckend zu sein.

Freddy Laker, der damalige Chef der British United Gruppe, liess dem initiativen Managing Director der Air Ferry, D. A. Whybrow, freie Hand, und das Geschäft blühte. Ich habe die beiden Herren in London besucht, nachdem mir die Installationen in Southend gezeigt worden waren. Wir wollten für den regelmässigen Betrieb dieser neuen Linie gerüstet sein und erreichten mit Hilfe der Balair eine rasche und reibungslose Abfertigung. Kaum waren die ankommenden Passagiere gelandet, konnten sie schon den Wagen besteigen und das Flughafengebiet verlassen. Dies führte auch zu Problemen. Mit grossen Warntafeln „Do not forget, RIGHT HAND driving!" mussten wir die auf der Flughafenstrasse korrekt rechts fahrenden Flugplatzbesucher vor den sich noch in ihrer Heimat wähnenden Engländern schützen.

Mein siebenjähriger Sohn hatte der Ankunft der ersten Carvair beigewohnt und manifestierte seine Begeisterung in einer grossformatigen Zeichnung, die eine Art Schnitt durch eine riesige Kaulquappe darstellte, welche eine Menge Autos verschluckt. Bei der künstlerischen Beurteilung dieses Bildes hatte man zu berücksichtigen, dass das erste Wort, das über die Lippen meines Sohnes kam, beileibe nicht seinen Erzeugern galt, sondern klar und deutlich „Felu" lautete, womit natürlich „Flugzeug" gemeint war. In Anbetracht dieser Tatsache wagte ich dieses Kunstwerk nach London mitzunehmen. Die beiden Herren waren restlos begeistert; die Riesenkaulquappe erhielt einen goldenen Rahmen und einen angemessenen Platz in einem Büro der B.U.A.F. Freddy Laker lud mich zum Dinner in die viktorianischen Hallen des Königlichen Sportclubs ein. Das Essen war schlecht, und es lag schwer auf meinem Magen, der durch den obligatorischen und in letzter Minute gemieteten Smoking noch zusätzlich eingeengt wurde. Die Box-Schaukämpfe waren „very good sport", sehr wahrscheinlich weil reichlich viel Blut floss. Jedermann war begeistert, und die Pfundnoten flogen von allen Seiten in den Ring. Beim Abschied bedankte ich mich für den schönen Abend, Freddy Laker klopfte mir auf die Schulter, dankte seinerseits für die Zeichnung, und ich flog nach Hause mit dem Gefühl, den Flughafen Basel–Mulhouse für immer gerettet zu haben.

Doch nach fünf Jahren begann die Sache zu harzen. Die Carvair seien zu unwirtschaftlich, hiess es, und man habe Schwierigkeiten mit den Ersatzteilen. Noch wurde der Einsatz von grossen Canadair CL 44 studiert, später aber wieder verworfen. Dann tauchten die raschen Luftkissenboote auf, die die Autotransporte über den Kanal wesentlich verkürzten. Die Carvair wurde für British United uninteressant, besonders auch deshalb, weil Freddy Laker sich Dimensionen des Luftverkehrs in einer Grössenordnung zuzuwenden begann, die für die autoschluckende Kaulquappe keinen Platz mehr freiliessen.

35   Die Erinnerung an die Autofähre kann ich nicht abschliessen ohne daran

zu denken, dass die B.U.A.F. unseren Flughafen weltbekannt gemacht hat. Eine Foto einer Bildagentur, die den Verlad eines hochbeinigen Austin 7, Jahrgang 1928, in eine Carvair auf unserem Flughafen darstellt, ist gegen Ende 1963 in einer Unmenge von Zeitungen auf allen Kontinenten dieser Erde erschienen. Mit diesem Hinweis auf die billigste Propagandaaktion meiner Karriere endet das Abenteuer der fliegenden Autos mit ihren Passagieren endgültig.

Pioniere und Piraten

Trotz Supertechnik und Wirtschaftsmacht hat die kommerzielle Luftfahrt noch nicht alles von dem verloren, was mit der Mystik und den Abenteuern ihres erst vor kurzem erschlossenen Mediums, des Luftraums, im Zusammenhang steht.

Jeder Flughafen hat seinen Fan-Club, dessen in der Regel jugendliche Mitglieder sich über die Geschehnisse bis ins letzte Detail orientieren. Es besteht ein 24-stündiger Pikett- und Alarmdienst. Falls irgendetwas Ausserordentliches geschieht, ist der Club in kürzester Zeit vollzählig auf dem Flughafen anwesend. Jedes Clubmitglied ist sein eigener Luftverkehrs-Experte, was naturgemäss zu animierten, ja erregten Diskussionen führt. Da diese Diskussionen jeweils von einer entsprechenden Gestik begleitet werden, erhielt der Fan-Club unseres Flughafens den Namen „Fuchtelclub".

Es ist schön, wenn Mitglieder des Fuchtelclubs Chimären nachjagen. Schwieriger wird es, wenn etablierte Geschäftsleute, die auch „in Luftverkehr machen" wollen, Gleiches tun. Mystik und Phantasie sind wunderbare Grundlagen zum Betreiben eines Hobbys. Für das harte Geschäft des Luftverkehrs eignen sie sich aber nicht. Trotzdem muss man feststellen, dass das Irrationale bei der Gründung jener vielen, meist kurzlebigen schweizerischen Luftverkehrsgesellschaften mehr oder weniger beteiligt war.

Ich erinnere mich an einen an und für sich unbedeutenden Vorfall anfangs 1964. Die Globair hatte von der El-Al das erste Langstreckenflugzeug, eine Bristol Britannia, gekauft. Der mächtige viermotorige „flüsternde Riese" wurde von Tel Aviv nach Basel überflogen, wo er von Mitarbeitern der Globair empfangen wurde. Das Gehaben, das dabei ein Beteiligter zur Schau trug, war nicht dasjenige eines erfolgreichen Geschäftsmannes, sondern ähnelte vielmehr jenem eines verwöhnten Kindes, dem man ein Riesenspielzeug unter den Weihnachtsbaum gelegt hat. Mit leuchtenden Augen näherte er sich dem Flugzeug, betastete seine Propeller, bestieg die Treppe, begab sich zum Cockpit, nahm im Sessel des Kommandanten Platz, spielte mit Instrumenten und Steuerorganen, begab sich im Flugzeug nach hinten, stieg die hintere Treppe hinunter und umkreiste das Flugzeug voller Bewunderung für die Grös-

se des in Tat und Wahrheit doch bereits ziemlich veralteten Kastens. –
Ähnliches stand bei der Gründung so mancher schweizerischer Gesellschaft zu Gevatter, die später gleich endete wie seinerzeit die Globair.

Es wirkte jedoch noch ein weiterer Katalysator bei der geradezu inflatorischen Entstehung neuer Fluggesellschaften mit. Ich denke dabei an eine kleine Gruppe von Piloten, die das Fliegen nicht lassen konnten, aber bei einer etablierten Gesellschaft entweder keine Anstellung fanden oder sich der strengen Hierarchie und Disziplin eines solchen Betriebes nicht unterordnen wollten. In vielen Fällen waren solche Piloten an der Gründung neuer Gesellschaften massgeblich beteiligt.

Ein Meister im Gründen neuer Luftverkehrsgesellschaften war und ist immer noch Dr. Waldemar Haas, ein ehemaliger Versicherungsfachmann. Schon in den fünfziger Jahren stand plötzlich eine Curtiss-Commando auf dem Abstellplatz des Flughafens. Im Gegensatz zur ausländischen Immatrikulation zierte ein schönes, grosses Schweizerkreuz das Leitwerk des Flugzeuges. Dies schien der Beginn der Aera einer Waldemar-Haas-Airline. Doch trotz bereits bestellten Pilotenuniformen muss damals etwas schief gelaufen sein. Das Eidgenössische Luftamt verlangte energisch, das schweizerische Hoheitszeichen sei zu entfernen, da das Flugzeug keine schweizerische Immatrikulation erhalten könne. Das Schweizerkreuz wurde teilweise übermalt, und für einige Wochen stand die Maschine mit einem weissen Querbalken auf rotem Leitwerk traurig in einer abgelegenen Ecke des Flugplatzes, bis sie eines Tages sang- und klanglos weggeflogen wurde.

Der zweite Versuch von Waldemar Haas war erfolgreicher. Haas war eines der aktiven Gründungsmitglieder der Globair, die im Januar 1961 aus der Taufe gehoben wurde. Schon nach relativ kurzer Zeit scheinen sich jedoch Unstimmigkeiten ergeben zu haben, und Dr. Haas schied aus dem Verwaltungsrat der Globair aus. Kurz nach dem Zusammenbruch der Globair liess er 1970 eine neue Gesellschaft aus der Asche entstehen. Zusammen mit Dr. Ulrich Zimmermann gründete er die Phoenix, welche leider ihrerseits nach zweieinhalb Jahren Höhenflug wieder zu Asche wurde.

Aber schon 3 – 4 Jahre später geisterte erneut eine Waldemar-Haas-Airline, die Clipper-Airways, in den Spalten der Zeitungen. Ich erinnere mich an eine ziemlich deutliche Unterredung mit Dr. Haas in meinem Büro, als er um die Hilfe des Flughafens für diese letzte Schöpfung bat und ich ihm klar zu verstehen gab, dass ich keinen Finger mehr rühren werde, bis er die Verluste, die der Flughafen durch seine bisherigen Gründungen erlitten hatte, bis auf den letzten Rappen beglichen habe. Ob das Projekt Clipper-Airways auch heute noch weiter lebt, weiss ich nicht.   38

Taufe einer Bristol Britannia der Globair in Basel–Mulhouse, Sommer
1964.   Archiv Flughafen Basel–Mulhouse

Storchentransport Algier–Basel mit dem „Storchenvater" Alfred Bloesch
in Basel–Mulhouse, 1956. Foto Dierks, Basel 40

Auf alle Fälle ist Dr. Haas immer noch in irgendeiner Weise an irgendeiner Luftverkehrsgesellschaft irgendwo beteiligt.

Nur nebenbei: Dank unserer Wachsamkeit waren die Verluste des Flughafens infolge von Konkursen von Fluggesellschaften nie allzu gross. Wir verfügten über ein wirksames Druckmittel, nämlich die Beschlagnahme der Flugzeuge. Dabei haben wir es jeweils beim blossen Druck belassen müssen. Hätten wir die Flugzeuge wirklich beschlagnahmt, wäre der Flughafen beschuldigt worden, er habe den Konkurs verursacht und so quasi das Huhn totgeschlagen, das ihm goldene Eier lege.....

Eine andere markante Gestalt unseres Flughafens, ganz besonders in dessen Anfängen, war Dr. Alfred Erhart. Stets ein phantasievoller Mann, war er allerdings nie ein Phantast, weil bei ihm das Kommerzielle überwog.

Zu Beginn meiner Tätigkeit als Flugplatzdirektor im Jahre 1954 musste ich erkennen, dass auf dem Flughafen ein Mann schaltete und waltete, wie es ihm beliebte. Insbesondere nahm er für sich in Anspruch, den Grossteil der damals stark aufkommenden Charterreisen aus England abzufertigen. Dabei hatte das damalige Präsidium des Flughafens mit der Balair einen etwas fragwürdigen Vertrag abgeschlossen, der dieser praktisch das Monopol zum Charterverkehr und seiner Abfertigung übertrug. Als neugebackener Flugplatzdirektor musste ich die betrübliche Feststellung machen, dass bei fast jeder der spärlichen Landungen von Charterflugzeugen ein Krieg zwischen den Mannen der Balair und Dr. Erhart in höchsteigener Person auf dem Flugsteig ausbrach. Man stritt sich darüber, wer als erster die Passagiertreppe zum Flugzeug schieben konnte. Meine Versuche zur Schlichtung machten böses Blut auf beiden Seiten: bei der Balair, die auf ihren Vertrag pochte, und bei Dr. Erhart, der mit Unterstützung der Öffentlichkeit sich darauf berief, er sei der einzige, der diesen gottverlassenen Provinzflughafen belebe. – Trotz eines von mir erlassenen Abfertigungsreglements dauerte der Streit zwischen Balair und Dr. Erhart bis zum Beginn der sechziger Jahre, das heisst bis zur Umorganisation der Balair unter einer neuen Direktion.

Dr. Erhart war auch der Gründer der Basler Vereinigung zur Förderung des Luftverkehrs, die später dem Flughafen, insbesondere anlässlich der verschiedenen Abstimmungen über Ausbaukredite, viel geholfen hat. Ursprünglich war sie jedoch eher eine Vereinigung zur Förderung der Interessen Dr. Erharts und seiner Firma Universal auf dem Flughafen Basel–Mulhouse.

Wenn wir uns nicht über geschäftliche Dinge stritten, hatten wir beide einen recht guten persönlichen Kontakt. Dr. Erhart hat für den Flughafen vieles getan. Mit seinen College-Gruppen stand er am Anfang des später so wichtigen Charterverkehrs mit England, an dem er mit einer eigenen, englisch immatrikulierten Vickers Viking beteiligt war. Als Vertreter der Silver-City, die damals Autos über den Kanal flog, gab er auch die Initialzündung für den später bedeutenden Autotransport der British United-Gruppe. Als der Englandverkehr zu harzen begann, war er wiederum der Erste mit Flügen nach den Balearen, die noch heute für unseren Flughafen wichtig sind. Er hatte dort eine Reihe von Hotels gebaut und musste sich darauf konzentrieren, diese zu alimentieren. Unter diesen Aspekten traten seine Ambitionen, die Kunden in eigenen Flugzeugen zu transportieren und abzufertigen, in den Hintergrund. Er überliess den Transport mehr und mehr den etablierten Chartergesellschaften, und damit verbesserten sich seine Beziehungen zum Flughafen und insbesondere auch zur Balair. Heute ist er ein guter und auch entsprechend umworbener Kunde der Balair.

Zum Schluss muss festgestellt werden, dass Dr. Erhart mit seinem Reisebüro Universal, trotz der oft rüden Geschäftspraktiken, die sporadisch heute noch das Publikum schockieren, an der Entwicklung des Verkehrs auf unserem Flughafen grosse Verdienste hat. Und noch etwas rechne ich ihm hoch an: Trotz vielen Wechseln in seinen Reiseprogrammen hat er diesem Flughafen immer die Treue gehalten und damit das allgemein übliche Gejammer, das Potential Basels sei für den Aufbau eines Charterverkehrs ungenügend, Lügen gestraft.

Zum Abschluss dieses Abschnittes über Pioniere möchte ich eines Mannes gedenken, dem für eine gewisse Sparte der schweizerischen Fliegerei grosse Verdienste zukommen. Ich meine den verstorbenen Stiftungsratspräsidenten der Schweizerischen Rettungsflugwacht, Dr. med. h.c. Fritz Bühler. Die Infrastruktur der Rettungsflugwacht ist über das ganze Land verteilt. In Basel–Mulhouse besitzt sie eine Basis, wie viele andere in der Schweiz. Der hier stationierte Helikopter wird zur Hauptsache für Verkehrsunfälle und für den Transport sogenannter „Blue Babies" eingesetzt. Die Ambulanz-Jets der Rega landen öfters in Basel, vorwiegend mit Patienten für das Paraplegikerzentrum. Die Feier, an welcher der Stützpunkt der Rega unter Assistenz von Regierungsrat Dr. Jenny, Professor Allgöwer und Dr. Zäch eingeweiht wurde, war sicher ebenso berechtigt wie manch anderes Eröffnungsfest irgendeiner Fluglinie. Der bei diesem Anlass gefeierte Fritz Bühler war ein ausserordentlicher Mensch. Seit meiner Jugendzeit in Bern, wo er für uns ein älterer Kamerad und unser Vorbild war, war ich mit Fritzeli freundschaftlich verbunden. Damals in Bern galt er als der Beethoven der Lausbuben. Er sei nur deshalb im Gymnasium kein einziges Mal sitzen geblieben, weil der Lehrer der untern Klasse drohte, er lasse sich pensionieren, wenn der Bühler zu ihm zurückversetzt würde.

Bühler war gelernter Buchdrucker, absolvierte den ersten Skilehrerkurs im Kanton Bern, war ein geübter Bergsteiger und besass das Brevet für Motorflugzeuge und Helikopter. Anlässlich eines Englandaufenthaltes versuchte er sich zuerst als Kinooperateur und später als Seemann. Er brachte es zum Patent eines „Steuermannes auf hoher See". In die Schweiz zurückgekehrt, gründete und leitete er die Skischule Saanenmöser, wobei er sich ein Paar Skis mit hinten aufgebogenen Enden anfertigen liess, damit er rückwärtsfahrend seine Engländer besser überwachen konnte. Dann gründete und leitete er einen Betrieb zur Fabrikation lichtempfindlicher Papiere. Ende der fünfziger Jahre gab er auch diese erfolgreiche Tätigkeit auf, um sich immer mehr der Schweizerischen Rettungsflugwacht zu widmen. All seine Ideen, seine Phantasie und all die Erfahrung seines bewegten Lebens stellte er nun in den Dienst des Rettungsflugwesens, das er auch aus internationaler Sicht revolutionierte. Sein Engagement für andere war grenzenlos. Er war unendlich dankbar für die kleinste Hilfe, die man seiner Rettungsflugwacht zukommen liess. Ich werde nie vergessen, wie glücklich er war, als ich ihm sagen konnte, der Flughafen Basel—Mulhouse verzichte auf die Flughafengebühren für Rettungseinsätze. Fritzeli legte seine schwere Hand auf meine Schulter, liess sie dort lange liegen und sagte: „Stüffu (mein Übername aus der Jugendzeit), du bisch e liebe Cheib".

Ein fleissiger Besucher unseres Flughafens war Jean Bedel Bokassa mit seiner Privat-Caravelle „République Centre-Africaine". Nach seiner Krönung zum Kaiser von Zentralafrika wurde diese Inschrift in „Empire Centre Afrique". umgeändert. Er erhielt stets einen grossen Bahnhof. Auf französischer Seite war das leicht begreiflich, bei all der Unterstützung, die ihm dieses Land gewährte. Mir schien zwar oft, dass seine vielschichtigen Geschäftsbeziehungen zur Schweiz für ihn von mindestens gleich grosser Wichtigkeit waren. Wie dem immer auch sei, es herrschte jeweils ein reger Verkehr mit Luxuskarrossen, abwechslungsweise nach beiden Sektoren, während wir vom Flughafen aus unsere liebe Mühe hatten mit dem Einkassieren der Landetaxen. Formell gesehen handelte es sich ja um ein gebührenfreies Staatsflugzeug und nicht um ein „privates Unternehmen", wie wir auf Grund des Geschehens naiverweise annahmen. Mit oder ohne Landetaxen, der rege Verkehr hielt an bis im Herbst 1979. Da war der geschäftstüchtige Jean Bedel Bokassa plötzlich nicht mehr Kaiser. Ein Telex aus Bern verbot ihm die Einreise in die Schweiz, und Frankreich erliess sogar ein Landeverbot für die „Empire Centre Afrique".

Im Januar 1968 hatte ich ein bedeutend aufregenderes Erlebnis mit einem afrikanischen Politiker. Seinen Namen habe ich nie richtig verstanden, doch stellte er sich vor als nigerianischer Minister. Ich bin heute noch nicht ganz sicher, ob ich mit ihm nicht das Geschäft meines Lebens verpasst habe. – Es war zur Zeit, als Biafra sich von Nigeria trennte. Plötzlich befanden sich einige Flugzeuge, vollbepackt mit nigerianischen Banknoten, über Europa. Den Grund dafür habe ich nie richtig begriffen. Auf alle Fälle druckte die eine der Kriegsparteien, um der andern zu schaden, neues Papiergeld, und es scheint, dass diese Tatsache einigen Schnelldenkern beim Handel mit den alten Banknoten zu beträchtlichen Gewinnen verholfen hat. Am 10. Januar 1968 landete ein solches Flugzeug mit sieben Tonnen Banknoten in Zürich-Kloten. Die Noten wurden rechtmässig ausgeladen und – verschwanden irgendwo. Die Kommentare in den Massenmedien folgten auf dem Fuss. Diese Tatsache und der Umstand, dass ich alles andere als ein Schnelldenker bin, veranlasste mich zwei Tage später, eine DC-7-Landung bei uns mit 13 Tonnen Banknoten sofort dem Luftamt zu melden. Die Banknoten dürften nicht in die Schweiz, war die strikte Weisung.

Da erschien der eingangs erwähnte Minister in meinem Büro. Er war mit dem Flugzeug mitgeflogen. Ich orientierte ihn über den Entscheid aus Bern. Zuerst war er untröstlich, dann begann er mit mir zu markten. Alles in der Schweiz wäre zur Übernahme der Banknoten bereit. Ich blieb hart. Zuerst offerierte er mir zehn Prozent, dann zwanzig Prozent der Ladung. Es handle sich nur um Noten mit sehr hohen Werten. Ich stutzte und versuchte zu rechnen..... – 13 Tonnen Banknoten, welche Summe, selbst bei einem miserablen Kurs. Ich hätte mit ihm markten können, und wir hätten uns bestimmt bei einer fifty-fifty-Lösung getroffen. Aber dazu hätte ich schon früher schalten müssen. Heldenhaft blieb ich bei meinem Nein. Während das Flugzeug unausgeladen auf dem Flugplatz herumstand, reiste Monsieur le Ministre in der Schweiz herum und versuchte zu retten, was zu retten war. Die Zeit verging. Tag für Tag sank der Kurs für die alten Banknoten, und nach wenigen Wochen stand auf unserem Flughafen eine DC-7, beladen mit 13 Tonnen Altpapier.

Ein anderer, wohl der grösste, Biafra-Abenteurer war Henry Arthur Warton. Alle nannten ihn Hank. Hank war ursprünglich ein Deutscher namens Heinrich Wartsky. Er emigrierte nach den USA, war Käskuchenbäcker in New Yorks Broadway-Restaurant „Lindy's" und betätigte sich später auf ähnliche Weise in Miami Beach. Er wurde Marineflieger und half im Zweiten Weltkrieg den Amerikanern Guadalcanal zurückzuerobern. Im Jahre 1948 bekam er die Berufsfliegerlizenz, und 1960 schlug seine grosse Stunde, als er Co-Pilot bei der Balair für den Einsatz im Kongo wurde.

Schon nach kurzer Zeit stieg er selbst ins Geschäft ein. Zuerst charterte er drei DC-6, mit welchen er alles Menschenmögliche transportierte. Insbesondere flog er Waffen und jüdische Einwanderer nach Israel und mohammedanische Pilger nach Mekka. Dann begann sein eigenes Biafra-Abenteuer mit einer unwahrscheinlichen Karriere, an der er viel verdient, aber sicher auch viel verloren hat. Er lieferte den Ibos Waffen und evakuierte Verwundete aus dem Kampfgebiet.

Zwar ging sein erster Einsatz gründlich daneben. Sein Flugzeug landete mit sieben Tonnen Waffen, anstatt in Biafra bei den Ibos, in Nord-Kamerun – und er im Gefängnis. Mit Hilfe seiner höchst attraktiven Begleiterin, einer ehemaligen Hostess der Lufthansa, konnte er sich befreien und sein Geschäft in grossem Stil weiterführen, obschon er einige Flugzeuge durch Abschüsse verlor. Die Leiter der kirchlichen Organisationen unterstützten ihn, weil er lange Zeit der einzige war, der den Verwundeten Hilfe bringen konnte. Seine blonde Begleiterin wurde nicht zu Unrecht „Engel der Ibos" genannt.

Es war dann schliesslich Botschafter Lindt vom Roten Kreuz, der diese Flüge stoppte. Er argumentierte sicher nicht zu Unrecht, Flüge mit Verwundeten und Hilfsgütern einerseits seien nicht vereinbar mit Waffentransporten andererseits. Mit dieser Entscheidung endete das Abenteuer Hank Warton, und eines Tages landete er mit seinen letzten beiden ausgeleierten DC-7 der Luftverkehrsgesellschaft Arco in Basel. Die Arco hatte nichts anderes mehr als überall in der Welt einen Haufen Schulden für Betriebsstoff, Landegebühren, Flugzeugunterhalt und anderes mehr. Nach Jahren langsamen Dahinrostens auf einem einsamen Abstellplatz konnte der Flughafen Basel–Mulhouse die beiden Flugzeuge übernehmen. Das eine wurde an einer Feuerwehrübung im Beisein der Presse im November 1979 in Brand gesetzt. Das zweite verkauften wir zu einem Freundschaftspreis dem Flughafen Genf. Es dient dem Feuerwehrkommandanten Major Trayon und seinen Mannen noch heute als Übungsobjekt.

Fracht nach Persien, Libanon und anderswo

Seinerzeit las man im Lehrbuch, dass nur hochwertige Fracht, die mit hohen Transporttarifen belastet werden könne, zum Lufttransport geeignet sei. Da hat sich im Verlauf der Zeit einiges geändert. Es ist nicht mehr in erster Linie der Wert der Ware, sondern der Zeitfaktor, welcher bestimmt, ob per Luft transportiert wird oder nicht. Ich erinnere mich an eine ganze Reihe von Flügen in den Mittleren Osten, alle Maschinen vollbeladen mit Armierungseisen. Bei der Planung eines Staudammes war irgendetwas schiefgegangen. Beim Bau des Dammes fehlten plötzlich bestimmte Eisen. Der teure Transport des fehlenden Materials per Flugzeug war immer noch viel billiger als die sonst notwendige Einstellung der Bauarbeiten. Die Schiffsschraube, die mit einem Flugzeug nach Hongkong geflogen wurde, um ein still liegendes Schiff so rasch als möglich wieder flott zu machen, ist ein anderes Beispiel.

Fleisch wird quer durch Europa und selbst über Kontinente hinweg geflogen. Ebenso werden Blumen, Gemüse und Früchte per Luft transportiert, obgleich sich hier immer wieder das Problem der Belastbarkeit durch hohe Transportkosten stellt. Lebende Tiere sind gute Kunden der Luftverkehrsgesellschaften, seien es edle Reitpferde, Zuchtvieh oder hunderttausende von piepsenden Küken, die in den ersten Stunden ihres Lebens weder trinken noch fressen und deshalb während dieser Zeit transportiert werden können.

Es gab eine Zeit, da Storchenvater Bloesch Jahr für Jahr Flugzeugladungen von Jungstörchen aus Algerien nach Basel–Mulhouse brachte. Leider kehrten sie nicht, wie beabsichtigt, auf eigenen Schwingen nach Algerien zurück, sondern wurden fütterungsabhängige Standvögel.

Ich erinnere mich auch an viele Hilfsflüge mit Medikamenten und Insektiziden zur Bekämpfung von Seuchen und Missernten – und an einen Transport von vier Tonnen Heuballen, welche bei einem eingeschneiten Vogesendorf abgeworfen wurden, damit das Vieh nicht verhungerte. Es gab holländische Militärtransporter, die 1953 mit Jutesäcken nach Holland geflogen wurden, wo diese mit Sand gefüllt wurden und mithalfen, einer Sturmflut zu trotzen. Und endlich gab es die traurigen Kalktransporte nach Agadir, dessen Trümmer nach dem grossen Erdbeben samt den vielen Toten eingeebnet wurden.

Noch über mancherlei seltsame Frachten wäre zu berichten. Trotzdem immer wieder entsprechende Gerüchte herumgeboten wurden, hat eines aber bei uns nie stattgefunden: der illegale Waffentransport. Zöllner und Polizisten aus zwei Ländern, der Flughafen selber und nicht zuletzt die Abfertigungsorganisationen wussten dies zu verhindern. Einmal glaubte ein Beamter des Bundesamtes für Zivilluftfahrt eine ganz heisse Spur gefunden zu haben. Grossflugzeuge transportierten damals während rund dreier Wochen nahezu täglich Unmengen von befruchteten Hühnereiern in den Mittleren Osten. Unangemeldet erschien ein Untersuchungsbeamter aus Bern zu einer Kontrolle. Er fand in der Tat nur Hühnereier und keine Waffen und kann es bis heute noch nicht begreifen, wer am Persischen Golf diese Millionen von später grossgezogenen Brathähnchen denn eigentlich innert so kurzer Zeit aufgegessen hat.

Die Swissair betrachtete die Fracht seit jeher nur als ein komplementäres Produkt. Sie versuchte ihre Transportkapazität wenn immer möglich mit den gutzahlenden Passagieren zu nutzen. Nur was ungenützt zurückblieb, diente dem Frachttransport. Aus diesem Grund war die Swissair in der Regel zurückhaltend mit dem Betrieb reiner Frachtstrecken. Auf Langstrecken wurden Frachtkurse nur sporadisch geführt und jeweils sofort wieder eingestellt, sobald neue Flugzeugtypen des Normalverkehrs mit vergrösserter Frachtkapazität zum Einsatz kamen. Diese Erhöhung der Frachtkapazität in den Passagierflugzeugen erfolgte jeweils sprunghaft. So konnte beispielsweise eine DC-8 in ihrem Bauch praktisch die Ladung eines DC-6-Frachters aufnehmen. Die Boeing 747 wiederum transportiert neben den Passagieren die gesamte Ladung eines DC-8-Frachters. Diese für die Swissair recht erfolgreiche Tätigkeit prägte die schweizerische Luftfrachtpolitik. Je nach den kurzfristig wechselnden Frachtkapazitäten der Swissair war sie liberaler oder restriktiver. Selbst der seinerzeitige DC-8-Frachter der Balair wurde ein Opfer dieser Politik. Er musste nicht zuletzt infolge freier Kapazitäten in den Boeing 747 und in den DC-10 der Swissair seinen Dienst einstellen.

Dieses pragmatische Vorgehen erleichterte die Entwicklung der Luftfracht in Basel–Mulhouse nicht besonders. Trotz eines für Luftfracht günstigen Standortes war es nie möglich, hier ein Zentrum des linienmässigen Frachtverkehrs zu bilden. In der Schweiz wird die Luftfracht auf das System der Passagierlinien ausgerichtet. Diese Tendenz verstärkte sich in den letzten Jahren mit dem Aufkommen immer grösserer Flugzeuge und damit mit der Camionnage von Luftfracht von einem Flughafen zum andern.

47

Dass dem auch für alle Zukunft so sein wird, ist nicht gesagt. Die Grösse der Flugzeuge wird einmal – vielleicht früher, als viele denken – ein Optimum erreichen. Sind wir einmal so weit, werden mit Bestimmtheit neue Luftfrachtlinien entstehen, und die schon oft vorhergesagte Trennung zwischen Passagieren und Fracht im Luftverkehr kann Wirklichkeit werden. In Basel–Mulhouse könnte dann ein Frachtzentrum des Linienverkehrs errichtet werden. Andererseits muss man sehen, dass die Kombination Fracht/Passagiere im Linienverkehr unserem Flughafen immer wieder Möglichkeiten im Fracht-Charterverkehr eröffnet hat. Dieser wird auch in Zukunft weiterentwickelt werden können, und zwar umso mehr, je besser die Swissair ihre vorhandene Frachtkapazität ausnützen kann.

Doch auch im Luftverkehr gibt es keine Regel ohne Ausnahme. In Basel–Mulhouse bilden die Frachtlinien nach dem Mittleren Osten jene Ausnahme, die in keiner Weise in das oben gezeichnete Bild passt. Begonnen haben die Fracht-Linienflüge bereits 1955 durch die PAS (Persian Air Service), wurden fortgesetzt durch die MEA (Middle East Airways) und später durch die TMA (Trans Mediterranian Airways), die 1970 Boeing 707 einsetzte und 1975 vorübergehend sogar mit 747-Frachtern operierte.

Bis in die sechziger Jahre verkehrten auf diesen Frachtlinien die abenteuerlichen Avro York. Es waren Weiterentwicklungen der berühmten Lancaster-Bomber des Zweiten Weltkrieges. Flügel und Leitwerk des Bombers wurden praktisch unverändert in die Avro York eingebaut. Die legendären Motoren des Bombers, die wassergekühlten Zwölfzylinder Rolls-Royce Merlin 502, hielten auch die Avro York in der Luft. Nur zu oft musste der bei uns tätige Mechaniker die wie er selber von Öl starrenden Motoren ausbauen. Dies geschah jeweils unter Hinterlassung grosser Öllachen, die unsere Bitumenbeläge zerstörten.

Eine Avro York hat im Januar 1959 für Aufregung gesorgt. Es war miserables Wetter, und die Piloten hatten mit ihrer schlecht instrumentierten Maschine Schwierigkeiten beim Anflug. Irgendeinen Schock müssen sie verspürt haben, fanden aber, eine Meldung an den Turm sei nicht notwendig. Schliesslich waren ja keine Passagiere an Bord, und Umtriebe, die solche Meldungen normalerweise verursachen, suchte man zu vermeiden. Wie gross war aber dann das Erstaunen, als man im Leitwerk eingeklemmt den Wipfel einer Rottanne entdeckte, die in ihrer Schönheit der am Seitensteuer aufgemalten Libanon-Zeder in keiner Weise nachstand. Trotz eingehender Untersuchungen konnten die französischen Behörden nie genau eruieren, was eigentlich passiert war. Bewiesen war einzig und allein die Tatsache, dass der Tannenbaum im Leitwerk nicht vom Wipfel einer Vogesen-Tanne stammte, sondern irgendwo im Schwarzwald gekappt worden war.

Oben: PAS-Flugzeug bringt Teppiche, Schafdärme und Kaviar aus Persien, Ende der fünfziger Jahre. Archiv Flughafen Basel–Mulhouse.
Unten: Frachtmaschine Boeing-747 Jumbo der libanesischen TMA, Sommer 1975. Foto A. Tramontin.
Seite 50: Einladeluke eines Boeing-747-Frachters der Korean Air Lines beim Frachtverlad in Basel–Mulhouse. Foto Edi Marmet.

49

Nicht nur Leitwerke, Flügel und Motoren hatten die Avro Yorks von den Lancaster-Bombern übernommen — auch viele, die sie flogen, waren ehemalige Bomberpiloten. Einer von ihnen, nennen wir ihn Mac Cowley, hatte den Weltkrieg in der Royal Canadian Airforce mitgemacht. Wenn man ihm auf dem Flughafen begegnete, hätte man glauben können, für ihn sei der Krieg nie ganz zu Ende gegangen. Ein Hüne von Gestalt, die Krawatte schief, das Hemd offen und die Uniform immer etwas spekkig und abgegriffen, schien er mit seiner Avro York eins zu sein. Er kam gerne nach Basel und liebte das Restaurant in der ehemaligen Militärbaracke, die ihn an seine Kriegseinsätze erinnert haben mag. Hin und wieder gab's auch ein richtiges Fliegerfest, drüben in Lörrach. Die Avro York und ihre Ladung mussten dann warten, Flugplan hin oder her.

Auf dem Flughafen waren wir schockiert und traurig, als wir später vernehmen mussten, er sei mit seiner Avro York irgendwo in der arabischen Wüste tödlich verunglückt. Der Tod Mac Cowleys war ein Symbol für die zu Ende gehende Aera des Luftverkehrs der unmittelbaren Nachkriegszeit. Sie war gekennzeichnet durch einen überstürzten Einsatz von Kriegsmaterial für zivile Zwecke, und dadurch, dass Kampfflieger und Bomberpiloten ihren Fallschirm zu Hause liessen und zivil weiterflogen.

Die PAS (Persian Air Service), an der ein Bruder des Schahs massgeblich beteiligt war, operierte zwischen Basel und Teheran. Ostwärts wurden industriell gefertigte Gebrauchsgüter transportiert. Westwärts gab es vor allem drei Produkte: Teppiche, Schafdärme und Kaviar.

Die Schafdärme waren das Problem. Sie wurden in Fässern verschickt, die entweder infolge der Druckänderungen im Flugzeug oder durch die hohen Temperaturunterschiede die schlechte Gewohnheit hatten, leck zu werden. So sauber und steril das zu chirurgischen Nähten gefertigte Endprodukt dieser Schafdärme auch sein mochte — in dem Zustand, in dem sie in Basel ausgeladen werden mussten, waren die Därme die reine Katastrophe. Das Zeug stand in Gärung, schäumte und tropfte aus den Fässern. Der Gestank war infernalisch. Wir konstruierten einen besonderen offenen Schopf, um die Fässer lagern zu können. Das half jedoch nur wenig. Die übrige Flugzeugladung, insbesondere diejenige der Teppichballen, nahm während des Fluges den Geruch der Därme an. Nicht nur das Flugzeug stank, auch über unseren Lagerhallen schwebte ein ganz spezifischer Duft. Ich kenne nur eine Frachtladung, die mehr und insbesondere ausdauernder stinkt als Schafdärme. Das sind Rhesusaffen. Es gab eine Chartergesellschaft, die ihr Passagierflugzeug als Frachter einrichten konnte. Einmal transportierte sie sorglos Rhesusaffen. Im Verlauf der nächsten Wochen war kein Passagier mehr zum Betreten des Flugzeuges zu bewegen.

Der von der PAS transportierte Kaviar stammte aus dem Kaspischen Meer. Auch er wurde meistens in Holzfässern transportiert. Diese waren bedeutend kleiner als jene der Schafdärme und in der Regel dicht und sauber verschlossen. Ausnahmsweise konnten jedoch auch sie leck werden. Einmal traf ich per Zufall auf ein fröhliches Gelage in der alten Frachthalle, das mit einem solchen defekten Fass in Zusammenhang stand. Defekte Kaviarfässer wurden vom Empfänger nicht angenommen und mussten vernichtet werden, nicht zuletzt auch um die hohen Zollkosten zu sparen. Im Grunde genommen war das schiere Vergeudung. Deshalb hatte die fröhliche Gesellschaft beschlossen, den Kaviar zu essen und damit sowohl die Vernichtung als auch den Zoll zu umgehen. Dies geschah in der zolltechnisch im Ausland liegenden Einfuhrhalle, unter gebührender Aufsicht eines ebenfalls mithaltenden Zöllners. Suppenlöffelweise wurde der Kaviar gegessen und mit ebenfalls unverzolltem Wein aus dem Bordbuffet hinuntergespült. Aber Kaviar ist ein Qualitätsprodukt und keine Massenware. Langsamer und langsamer griffen die Löffel ins Fass; man hatte genug, bald übergenug. Das in der Frachthalle allgegenwärtige Aroma der Schafsdärme gewann die Oberhand. Man sagt, dass seit damals einige altgediente Flughafenangestellte ein gestörtes Verhältnis zu Kaviar hätten.

Als dann im Jahre 1962 die TMA den Frachtverkehr in den Mittleren Osten übernahm, wurde das Streckennetz bedeutend ausgebaut. Destinationen in Europa, in Amerika und sogar im Fernen Osten kamen dazu, und allmählich wurde Basel zu einem wichtigen Stützpunkt dieser Gesellschaft. In Bezug auf die transportierte Tonnage rückte die TMA an die erste Stelle, sogar vor die Swissair.
Die libanesische TMA hat unserem Flughafen in guten und in schlechten Zeiten die Treue gehalten. Und die letzten Jahre, mit dem immer wieder zerbombten Heimatflughafen, waren für die TMA in der Tat schlecht und traurig. Munir Abu Haidas, der Präsident und praktisch Besitzer dieser Gesellschaft, ist ein grosser Bewunderer und Freund der Schweiz und Basels. Zwar sagte er mir, es seien nur dumme, sentimentale Gründe, die ihn an seiner Basis in Basel festhalten liessen, und nicht kommerzielle Überlegungen. Als ich ihn dann aber an unsere verschiedenen, hin und wieder sogar erfolgreichen Kämpfe mit dem Eidgenössischen Luftamt um die Gewährung von Verkehrsrechten erinnerte, musste er mit einem verschmitzten Lächeln und einem Augenzwinkern zugeben, die TMA verfüge nirgends über so viele Rechte der fünften Freiheit wie in Basel. Dies muss zu Gunsten der so oft geschmähten eidgenössischen Aufsichtsbehörde auch einmal gesagt werden.

Es ist zu hoffen, dass der unselige Krieg in der Heimat der TMA eines Tages zu Ende geht. Dieser treue Kunde Basels sollte sich im Frieden und in geordneten Verhältnissen weiterentwickeln können. Der Flughafen Basel–Mulhouse und die TMA sind Freunde geworden – es soll so bleiben.

Die Swissair

Es war einige Jahre nach meiner Anstellung als Flugplatzdirektor in Basel. In dieser Zeit, gegen Ende der fünfziger Jahre, kämpfte die Swissair mit grossen Problemen. Es gab Schwierigkeiten mit der Bundeshilfe für die beiden ersten DC-6 B. Die DC-7 wurden bestellt, und schon kurz darauf musste neues Kapital beschafft werden für die Metropolitan und insbesondere für die DC-8, die viel zu früh auf dem Markt erschienen und einen ungeheuren Finanzbedarf auslösten. Dr. Walter Berchtold war als Swissair-Präsident von den Basler Rotariern zu einem Vortrag eingeladen worden und nahm die Gelegenheit wahr, kapitalkräftige Basler zum Zeichnen von Aktien zu animieren.

Vom Flugplatz aus hatten wir alle Mühe mit der Swissair, wie immer, wenn sie Schwierigkeiten hatte. Sie drohte, ihren damals nur viermal wöchentlich bedienten Kurs nach Paris einzustellen. Das Potential auf dieser Strecke sei ungenügend. Wir hingegen verlangten zumindest eine tägliche Bedienung, ohne die eine Entwicklung nicht möglich sei. (Wie recht wir hatten, zeigte die Tatsache, dass nur wenige Jahre später, als die Air Inter zu operieren begann, vier Retourkurse täglich geführt werden konnten.)

Wie ich nun im Verlaufe des Vortrages erkennen musste, welch enorme Expansion die Swissair plante, und diese mit der nerventötenden Markterei auf unserem Flughafen um jede Hüpferlinie verglich, riss mir wieder einmal die Geduld. „Bevor in Basel um Geld gebettelt wird, soll die Swissair gefälligst zuerst unseren Flughafen einigermassen bedienen; bis dahin täten die Basler gut, ihr Kapital anderweitig anzulegen'', rief ich in den Saal. Zuerst war ich mächtig stolz darauf, es denen wieder einmal gesagt zu haben, umso mehr als meine Bemerkung mir billigen Applaus einbrachte. Später war ich nicht mehr sicher, ob ich damit unserem Flughafen einen guten Dienst erwiesen hatte. Die Swissair zeigte wenig Verständnis dafür, dem jungen, in Basel eben erst auf der Bildfläche erschienenen Stänkerer grosszügig entgegenzukommen.

Man muss realistisch sein und die tatsächlichen Probleme der Swissair kennen, ehe man über eine verbesserte Bedienung Basels mit Aussicht auf Erfolg diskutieren kann. Das Grundproblem der Swissair liegt im Umstand, dass das Luftverkehrs-Potential der relativ kleinen Schweiz nicht genügt, um eine Luftverkehrsgesellschaft, die über eine kostengünstige Betriebsgrösse verfügt, zu alimentieren. Andersherum gesagt: Eine Luftverkehrsgesellschaft, deren Grösse nur auf das schweizerische Verkehrs-Potential zugeschnitten ist, muss teurer produzieren als ihre grossen ausländischen Konkurrenten. Dieser Umstand zwingt die Swissair, gleich wie so manche schweizerische Industrie, zu exportieren. Um erklären zu können, wie man Luftverkehr exportiert, muss man die Begriffe der „Freiheiten der Luft" kennen:

1. Freiheit: Das Recht, einen Staat ohne Landung zu überfliegen.
2. Freiheit: Das Recht zu technischen Zwischenlandungen.
3. Freiheit: Das Recht, Passagiere und Fracht aus dem eigenen Land in ein fremdes zu transportieren.
4. Freiheit: Das Recht, Passagiere und Fracht aus einem fremden Land ins eigene zu transportieren.
5. Freiheit: Das Recht, Passagiere und Fracht von einem fremden Land direkt in ein anderes fremdes Land zu transportieren.

Es klingt paradox, aber je mehr Freiheiten die einzelnen Staaten in gegenseitigen Abkommen definiert haben, desto stärker wurde der Luftverkehr in Fesseln gelegt.
Die beiden ersten Freiheiten hat sich der Grossteil der Staaten in einem multilateralen Abkommen gegenseitig gewährt. Die dritte und vierte Freiheit, der sogenannte Nachbarschaftsverkehr, wird in teilweise standardisierten bilateralen Abkommen normalerweise ebenfalls gewährt, wobei sich jedoch auch hier die Staaten in Nebenpunkten gegenseitig immer mehr Einschränkungen auferlegen. So wird zum Beispiel peinlich darauf geachtet, dass die von den beiden Vertragspartnern zugelassenen Luftverkehrsgesellschaften sich in das gegenseitige Potential hälftig teilen. Auf diese Weise wird ein „Export an Luftverkehr" kaum entstehen. Einen typischen Luftverkehrsexport würde die fünfte Freiheit erlauben. Leider aber kann diese kaum praktiziert werden, da sie nur auf Gegenrecht gewährt wird. Beispielsweise darf die Swissair nur Passagiere und Güter zwischen Düsseldorf und Kopenhagen transportieren, wenn die Lufthansa dasselbe zwischen Zürich und – um ein weiteres Beispiel zu nennen – Rom tun kann. Und da in Rom auch noch die Alitalia mitredet, wünscht diese irgendwelche Rechte der fünften Freiheit in Deutschland. Man sieht, eine gewährte fünfte Freiheit hat einen Rattenschwanz von Begehren für weitere fünfte Freiheiten zur Folge. Deshalb ist sie nur in Ausnahmefällen existent.

Es gibt aber wenig juristische Regelungen, die so eindeutig formuliert sind, dass die lebendige Wirtschaft kein Hintertürchen findet, um trotzdem und in legaler Art und Weise zum Ziel zu gelangen. Dies gilt auch für die fünfte Freiheit und geht beispielsweise folgendermassen: Die Swissair verkauft einem Münchner ein Billet nach New York und transportiert ihn mit den in Deutschland eingehandelten Rechten der vierten Freiheit nach Zürich. Dort steigt er nach kurzem Zwischenhalt um und wird nach den mit den USA vereinbarten Regeln der dritten Freiheit nach New York transportiert. In Tat und Wahrheit aber ist er mit der Swissair in fünfter Freiheit von München nach New York geflogen, und niemand kann etwas dagegen tun. Der Münchner hätte ja eventuell in Zürich noch seine Tante sprechen müssen.....

Wie gut dies funktioniert, ist ersichtlich, wenn man von Stuttgart, Wien oder München in die Mittagsspitze nach Zürich fliegt, also zur Zeit der grossen Passagierverteilung. Bei der Polizeikontrolle nach Zürich loco wird man nur einige wenige Mitpassagiere finden. Der weitaus grösste Teil verschwindet in die Transithalle, um dort auf die Anschlüsse zu warten.

Leider besteht keine andere Möglichkeit als diese Umsteiger in der Flughafenstatistik als Lokalpassagiere zu zählen. Unser Münchner wird deshalb in Zürich zweimal statistisch erfasst, einmal als ankommender und ein zweites Mal als abfliegender Passagier. Dass diese künstliche Aufblähung die Herzen der Flugplatzdirektoren „zweiten Ranges" zum Brechen bringen kann, ist weniger wichtig. Wichtig ist die Erkenntnis, dass für die Grösse des Verkehrs auf einem Flughafen das „natürliche" Potential des Einzugsgebietes dieses Flughafens weniger ins Gewicht fällt als das von der nationalen Luftverkehrsgesellschaft „künstlich" erzeugte Potential der Umsteiger.

Das Umgehen der fünften Freiheit wird mit dem Ausdruck „sechste Freiheit" umschrieben. Jede bedeutende europäische Luftverkehrsgesellschaft transportiert in sechster Freiheit und sucht nach Mitteln und Wegen, um diese Transporte zu mehren. Nur wenige jedoch verfügen über jene beiden Vorzüge, die die Swissair ausspielen kann: Erstens den hohen Qualitätsstandard, welcher der Swissair den Übernamen „Watchmaker-Airline" eintrug, und zweitens eine Operationsbasis im Herzen Europas. Die Ausübung der sechsten Freiheit verlangt eine maximale Konzentration des Verkehrs auf einer Drehscheibe, wo die Flugzeuge aus allen Richtungen landen und, nach erfolgter Umsteigerei, wieder in alle Richtungen starten. Die Swissair ist ein Meister dieses Exportes des Luftverkehrs. Es ist Mode geworden, die Signete der Luftverkehrsgesellschaften zu veralbern. Mich wundert, dass für die Swissair der folgende Spruch noch nicht erfunden worden ist: „SWR = Schweizer werden rar".....

Diese für das Überleben der Swissair so wichtige Tätigkeit stösst aber an Grenzen. Einmal können auch in Kloten gewisse Kapazitätslimiten nicht überschritten werden. Es handelt sich dabei nicht einmal in erster Linie um technische Engpässe, sondern mehr und mehr um solche der Umwelt und der Politik. Zudem hat jedes Drehkreuz im Luftverkehr eine optimale Grösse. Wird es überladen, entstehen Verspätungen, die Wartezeiten auf die Anschlüsse werden zu lang, Gepäck geht verloren oder Anschlüsse werden verpasst. Wenn dem so ist, suchen sich die Passagiere andere Flugwege.

Neben diesen Beschränkungen gibt es für die Swissair noch ein weiteres Hemmnis beim Aufbau einer internationalen Drehscheibe. Die grossen luftfahrttreibenden Nationen sind nicht gewillt zuzuschauen, wie ein kleiner Zwerg ihnen das Geschäft vor der Nase wegschnappt. Restriktionen aller Art und eine oft brutale Verstärkung des bereits bestehenden Protektionismus sind die Folge. Flugfrequenzen werden herabgesetzt, neue und grössere Flugzeuge nicht zugelassen, die Passagierzahl wird begrenzt, und mit allen erdenklichen Mitteln, in letzter Zeit sogar über die Tarifgestaltung, wird der Umsteigeverkehr bekämpft.

Wenn man das Buch von Walter Berchtold „Durch Turbulenzen zum Erfolg" aufmerksam liest, ahnt man, wie sehr dieser grosse Kenner des Luftverkehrs darum gekämpft hat, das Liniennetz seiner Swissair so aufzubauen, dass zwischen Direktverkehr und ausländischem Umsteigerverkehr ein gesundes Verhältnis herrschte. Seine Nachfolger waren in dieser Beziehung weniger vorsichtig. Die kleine Swissair wurde zum „Launching Carrier" jeweils der grössten Flugzeuge der entsprechenden Gattung.

Im Kampf um Verkehrsanteile und um die Erreichung einer wirtschaftlichen Betriebsgrösse steht ein weiteres Bedürfnis der Swissair im Vordergrund: „Keine zweite schweizerische Luftverkehrsgesellschaft für Linienverkehr". In diesem Punkt wird die Swissair durch das eidgenössische Luftfahrtgesetz geschützt. Artikel 103 dieses Gesetzes besagt: „Die internen, kontinentalen und interkontinentalen Linienverbindungen, deren Führung vom EVED als im allgemeinen Interesse liegend erklärt wird, werden von einer gemischtwirtschaftlichen, schweizerischen Luftverkehrsgesellschaft betrieben". So weit, so gut — nur, was bedeutet „im allgemeinen Interesse"? Es gab eine Zeit, da man darunter vor allem „im Interesse der Swissair" verstand.

Die gute Ausnützung des Verkehrs der „sechsten Freiheit" und das Ausbleiben eines inländischen Konkurrenten haben die Swissair zu Erfolgen geführt, die nicht hoch genug eingeschätzt werden können. Ihrer Aufgabe, die Schweiz unter Wahrung der Eigenwirtschaftlichkeit mit allen wichtigen Teilen der Welt zu verbinden, ist sie mit Bravour nachgekommen. Ist sie damit sämtlicher weiterer Verantwortlichkeiten enthoben?

Um diese Frage zu beantworten, muss man wissen, wie wichtig seit jeher die Verkehrslage für die wirtschaftliche Entwicklung einer Region gewesen ist. Zuerst war es die Schiffahrt, die bestimmte, ob einzelne Städte die Welt beherrschten, später war die Eisenbahn standortbestimmend, und heute ist es die Luftfahrt, die Gewerbe, Handel und Industrie anzieht wie ein Staubsauger den Staub aus einem Teppich. Diese Erkenntnis bürdet der Swissair eine zusätzliche Verantwortung auf, der sie bis heute zu wenig Verständnis entgegenbringen konnte. Eine unter dem Druck der internationalen Konkurrenz praktizierte Zusammenfassung des Luftverkehrs auf einer einzigen schweizerischen Drehscheibe würde zu einer wirtschaftlichen Konzentration führen, die mit der sozialen, politischen und kulturellen Struktur unseres Landes nicht zu vereinbaren wäre.

Als kurz nach Kriegsende das schweizerische Flughafenprogramm gesetzlich verankert und später der weltweiten Entwicklung angepasst wurde, haben die eidgenössischen Räte diese Gefahr einer Zentralisation des Luftverkehrs erkannt und sich für eine angemessene Dezentralisation entschieden. Man wird zum mindesten nachdenklich, wenn die nationale Luftverkehrsgesellschaft glaubt, sie müsse diesen für die Infrastruktur des Luftverkehrs in der Schweiz gewählten Grundsatz unter dem Druck der ausländischen Konkurrenz zur Illusion werden lassen.

Immerhin zeigt die jüngste Entwicklung, dass die Swissair bereit ist, auch dieses Problem mit grosser Ernsthaftigkeit anzugehen. Mehr darüber im Kapitel über die Crossair.

DC-9 der Swissair vor dem Flughofgebäude von Basel–Mulhouse; das kleinste Flugzeug der gemischtwirtschaftlichen schweizerischen Luftverkehrsgesellschaft – zu gross für Basel?
Ohne Swissair ist der heutige binationale Flughafen Basel–Mulhouse nicht denkbar. Wegen der Konzentration auf die Verkehrsdrehscheibe Zürich und der Inbetriebnahme immer grösserer Flugzeuge ist aber die Bedienung von Basel–Mulhouse für die Swissair – betriebswirtschaftlich gesehen – schwierig geworden. Das Verkehrspotential der Region Basel ist für sie zur Hauptsache im Zubringerdienst zum Basisflughafen Zürich-Kloten interessant. Foto Edi Marmet 58

Luftaufnahme der neuen Betriebsgebäude des Flughafens Basel—Mulhouse im Sommer 1970. Im Vordergrund die Werfthallen, dahinter das aufs Doppelte vergrösserte Frachtgebäude.

Archivbild Flughafen Basel—Mulhouse 60

Balair und Globair

„Wenn die Globair Erfolg hat, gehe ich in den Rheinhafen Kohlen schaufeln". Dieser Ausspruch stammt von Otti Gersbach, dem damaligen kaufmännischen Direktor der Balair. Er hat ihn im Jahre 1965 vor einem ernsthaften Kollegium von Basler Politikern von sich gegeben. Ich setze ihn an den Anfang dieses Kapitels, um gleich zu Beginn klar zu machen, dass das im Titel erscheinende Nebeneinander der beiden Chartergesellschaften in keiner Weise als Wertung ihrer Güte aufgefasst werden darf. Im Gegensatz zu seinen Kollegen von der Globair verfügte Otti über die in vielen Jahren erworbene Erfahrung, die notwendig ist, um eine Luftverkehrsgesellschaft erfolgreich führen zu können. Er musste keine Kohlen schaufeln.
Trotzdem behandle ich die beiden Gesellschaften im gleichen Kapitel, weil die relativ kurze Zeit ihres gleichzeitigen Wirkens und Kämpfens viel Licht und Schatten auf die baslerische und schweizerische Luftfahrtpolitik wirft.

Im Jahre 1953 wurde die „Aviatik beider Basel", die Gesellschaft, welche den Flugplatz Sternenfeld-Birsfelden betrieben hatte, liquidiert. Mehrere Verantwortliche dieser Gesellschaft, insbesondere Regierungs- und Ständerat Gustav Wenk, waren der Auffassung, die schweizerische Präsenz auf dem binationalen Flughafen Basel–Mulhouse müsse in irgendeiner Form verstärkt werden. Deshalb schritten sie zur Gründung der neuen Balair, welcher die folgenden Aufgaben übertragen wurden: Abfertigung von Flugzeugen, Flugschule, Reparatur von Flugzeugen, Taxi- und Charterbetrieb. Diese neue Balair (im Gegensatz zur 1925 gegründeten alten Balair, die 1931 mit der Zürcher Gesellschaft Ad Astra Aero zur Swissair fusionierte) befasste sich in erster Linie mit der Kleinfliegerei und war ein recht kopflastiges Gebilde. Nahezu auf jeden Angestellten gab es einen Verwaltungsrat, und der Arbeitsanfall auf dem eben erst mit der Schweiz durch die zollfreie Strasse verbundenen Flughafen war gering. Auf Grund dieser Sachlage war es nicht verwunderlich, dass der neue Direktor der Balair und der ein Jahr später gewählte Flughafendirektor bald aneinander gerieten und grosse Mühe hatten, sich über die beiderseitigen Aufgaben zu einigen.

Schon kurze Zeit später jedoch gab es den unglaublichen Aufschwung des
Verkehrs mit England, und es war nur logisch, dass sich die Balair daran

beteiligte. Sie kaufte zwei Vickers Viking und wurde zu einer eigentlichen Charter-Luftverkehrsgesellschaft. Sie verfügte über ein neues grosses Betätigungsfeld, und die Streitereien mit dem Flugplatz wurden seltener. Damit waren aber die inneren Schwierigkeiten der sich neu profilierenden Balair noch nicht überwunden. Im Jahre 1958 musste sich sogar der Grosse Rat des Kantons Basel-Stadt mit einem Anzug über die Verhältnisse in der Direktion der Balair befassen. Ein Jahr später konnte eine Lösung gefunden werden. Die Swissair beteiligte sich zu vierzig Prozent am Aktienkapital der Balair, das von 0,7 auf 4 Millionen Franken erhöht wurde. Schon damals wurde eine Mehrheitsbeteiligung der Swissair diskutiert, aber nicht als opportun empfunden. Die Balair übernahm von der Swissair ihre beiden letzten, altgedienten DC-4 und den jungen, tatkräftigen Otto Gersbach, welchem die kommerzielle Geschäftsleitung übertragen wurde. Als technischer Direktor amtete der ehemalige Swissairpilot Kurt Herzog. Diesem Improvisationskünstler verdankte die Balair später viele gutgelungene UNO- und Rotkreuz-Einsätze, die im Dienst der Menschlichkeit in vielen Gegenden unserer Erde geleistet wurden. An Stelle von Regierungsrat Prof. Tschudi wurde Dr. F. Emmanuel Iselin Präsident der Balair.

Welche Schwierigkeiten diese Umorganisation damals bot, wurde mir erst elf Jahre später richtig bewusst. Es war anlässlich der offiziellen Eröffnung unseres neuen Aufnahmegebäudes durch den französischen Staatspräsidenten und den Präsidenten der Schweizerischen Eidgenossenschaft. Ich hatte Bundespräsident Tschudi zu betreuen. Er war etwas früher angereist, und wir warteten in einem Büro auf die Ankunft von Präsident Pompidou, nach dessen Landung die feierliche Begrüssung der beiden Staatsoberhäupter auf dem Flugsteig vonstatten gehen sollte. Als Regierungsrat war Professor Tschudi ein massgebendes Mitglied des Flughafen-Verwaltungsrates gewesen, dessen Finanzkommission er präsidiert hatte. Im Verlauf unseres Gespräches, in dem wir Erinnerungen austauschten, machte ich die Bemerkung, er habe in seiner neuen Funktion sicher bedeutend grössere Sorgen als damals mit dem Aeroport. Wie erstaunt war ich, als er seine Hand auf meinen Arm legte und antwortete: „Die grössten Schwierigkeiten, die ich je zu bewältigen hatte, begegneten mir während meines Präsidiums bei der Balair."

Mit der Neuorganisation der Balair waren aber noch nicht alle Hürden überwunden. Gewisse Betriebsverluste mussten in Kauf genommen werden, und im Jahre 1963 erfolgte eine Sanierung. Das Kapital wurde um zwanzig Prozent abgeschrieben, unter gleichzeitiger Neuzeichnung von Fr. 800 000.– durch private Aktionäre.
In der Folge musste der Flugzeugpark modernisiert werden, um der Konkurrenz die Stirne bieten zu können. Für die Beschaffung der mit Druck-

kabinen ausgerüsteten DC-6 B musste das Aktienkapital von 4 Millionen auf 6,5 Millionen Franken erhöht werden. Der Kanton Basel-Stadt, der bei der Gründung der Balair mit 60 % an deren Aktienkapital beteiligt gewesen war, besass nach der Sanierung nur noch 50 %. Dieser Anteil sank auf 9 Prozent, nachdem sich der Kanton wegen eines negativen Volksentscheides an der Kapitalerhöhung auf 6,5 Millionen Franken nicht beteiligen konnte.

Unter Führung der Swissair wuchs nun die Balair beständig. Der Übergang zu Jet-Flugzeugen war nur noch eine Frage der Zeit. Henri Moser wurde erfolgreicher leitender Direktor der Balair. Die Swissair erwarb die Aktienmehrheit und integrierte ihre Tochter mehr und mehr. Dies betraf vor allem den Flugzeugunterhalt und das fliegende Personal. Die enge Bindung zur Swissair machte die Balair zu einer der sichersten und zuverlässigsten Chartergesellschaften Europas.

Diese enge Bindung zwischen Swissair und Balair hatte aber für den Flughafen Basel–Mulhouse negative Auswirkungen. In den sechziger Jahren entfielen vom baslerischen Charterverkehr rund dreissig Prozent auf die Balair. Die DC-4 und die DC-6 B wurden in Basel gewartet, das damit Ausgangspunkt der Flugzeugrotationen wurde. Der Unterhalt der Jetflugzeuge erfolgte durch die Swissair in Zürich-Kloten, und damit sank der Anteil der Balair am Charterverkehr in Basel–Mulhouse beängstigend. Mit den Jahren verbesserte sich jedoch das Verhältnis wiederum auf rund fünfzehn Prozent. Alle jene, die damals in ihrer Globair- oder Taxair-Begeisterung die Balair in „Zürichair" umtaufen wollten, mögen folgendes bedenken: Was ist für Basel besser, eine Gesellschaft, die etwas fleissiger ab Basel fliegt, aber nach wenigen Jahren Konkurs macht, oder ein über Jahre hinaus sicherer Kunde, der pro Zeiteinheit etwas weniger bringt?

Kaum hatte sich im Jahre 1959 die Swissair erstmals an der Balair beteiligt, landete in Basel–Mulhouse eine Airspeed AS-57 „Elizabethan" der Globair. Das war ein 49-plätziges, mit Druckkabine ausgerüstetes, zweimotoriges Flugzeug, das vorher durch die BEA betrieben worden war. Diesem HB–IEL „Lällekönig" folgte bald die HB–IEK „Vogel Gryff". Die rein baslerische, angriffige und schneidige Globair bereitete der noch mit Flugzeugen ohne Druckkabine operierenden Balair einige Mühe. Im Frühling 1963 erwarb die Globair ihre erste Dart Herald, die sie „Herold of Berne" taufte, und eröffnete damit den Kampf um eine innerschweizerische Linienkonzession. Die Globair stand in der Gunst der Massenmedien und damit auch des Publikums. Trotzdem verlor sie diesen Kampf. Nach der Niederlage stürzte sie sich 1964 mit zwei Bristol-175 Britannia ins Langstreckengeschäft.

Die Flucht nach vorn misslang gründlich. Bereits im Mai 1965 erschienen Zeitungsartikel mit der Frage: „Hat die Globair im Jahre 1964 die ausgewiesene Dividende von Fr. 160 000.– verdient?" Die operationellen und technischen Schwierigkeiten häuften sich. Das Statthalteramt Arlesheim ermittelte anfangs 1967 gegen die Globair, wobei vor allem ihr draufgängerischer Direktor im Schussfeld lag. Drei Verwaltungsräte verliessen die Gesellschaft.

Am 19. April 1967 erfolgte die Katastrophe: der Absturz einer Bristol-Britannia beim Landeanflug in Nicosia mit 126 Toten und nur vier Überlebenden. Was mich an diesem traurigen Unglück besonders nachdenklich stimmte, war die Tatsache, dass einige Zeitungen, die vorher gnadenlos über das Eidgenössische Luftamt hergefallen waren, es erschwere die Entwicklung einer jungen, initiativen Gesellschaft mit schikanösen Vorschriften und Kontrollen, nun den Spiess umdrehten und dasselbe Luftamt beschuldigten, es habe seine Aufsichtspflicht zu wenig ernst genommen.
Noch wehrte sich die Globair. Es ging das Gerücht, ein auf dem Flughafen Basel–Mulhouse aufgetauchter Comet solle gekauft werden. Das Unglück in Nicosia wurde aber zum Todesstoss. Wichtige Reisebüros verlängerten bestehende Verträge nicht mehr. Die Globair-Aktien erlitten einen Kurssturz, und im Oktober 1967 entzog das Luftamt der Globair die Betriebsbewilligung. Damit war ihr Ende besiegelt.

Das Konkursverfahren zog sich über Jahre hin. Eine Strafanzeige gegen Direktion und Verwaltung wegen betrügerischen Konkurses endete im Jahre 1970 mit einem Vergleich, nachdem Peter G. Staechelin, der Hauptaktionär der Globair, bereit war, 2 Millionen Franken aus eigenen Mitteln zu bezahlen. Die Gläubiger der fünften Klasse erhielten damit noch 11 Prozent ihrer Forderungen vergütet.

Dieser Konkurs brachte dem Flughafen Basel–Mulhouse nicht nur Negatives. Verantwortliche der Globair hatten in Mombasa Hotels gekauft. Anstelle der Globair übernahm nun eine ostafrikanische Gesellschaft, die African Safari Airways, den Transport der Touristen zu diesen Hotels. Das Flugzeug wurde in Basel stationiert und fliegt seit Jahr und Tag zweimal pro Woche die Strecke Basel–Mombasa und zurück. In letzter Zeit erweiterte die Organisation ihre Dienste mit wöchentlichen Flügen nach den Seychellen. Alles in allem gerechnet, haben diese Charterflüge dem Flughafen bedeutend mehr eingebracht als seinerzeit jene der Globair.

Das grosse Pokerspiel zwischen Swissair, Balair und Globair begann im Jahre 1963, als die Swissair die guten alten DC-3 ausrangierte und Bern mitteilte, die Zubringerflüge Belpmoos–Kloten würden eingestellt.

Zuerst wurde eine Lösung geprüft, bei der die Alpar den Betrieb der DC-3 übernommen hätte. Dann stellte die Globair für das Jahr 1964 ihr Gesuch zum Betrieb eines innerschweizerischen Streckennetzes. In Balair-Kreisen war man erstaunt, vernehmen zu müssen, dass die Globair in Verfolgung dieses Zieles durch die Swissair unterstützt werde. Ungeachtet dessen bewarb sich die Balair, die eine Fokker-Friendship bestellt hatte, nun ihrerseits um eine Konzession für den Berner Verkehr. Beide Gesellschaften forderten von Bern gewisse finanzielle Beihilfen. Als aber die Globair fürchten musste, das Spiel zu verlieren, verzichtete sie auf sämtliche Hilfen und Defizitgarantien von Seiten Berns. Die Wellen der schweizerischen Luftfahrtpolitik gingen hoch, und in dieser verfahrenen Situation berief Bundesrat Spühler, Vorsteher des Eidgenössischen Verkehrs- und Energiedepartements, die interessierten Parteien zu einer Konferenz. An dieser Sitzung im Oktober 1964 vollzog nun die Swissair ihrerseits einen Salto mortale und erklärte sich plötzlich ebenfalls bereit, ohne Kostenfolgen für Bern den Flugplatz Bern-Belpmoos weiter zu bedienen. Dies geschah denn auch mit Hilfe der Balair, die dafür im Auftrag und auf Kosten der Swissair ihre Fokker-Friendship einsetzte. Damit erhielt auch Basel–Mulhouse bedeutend bessere innerschweizerische Anschlüsse und sogar einige zusätzliche internationale Verbindungen.

Die Globair, unterstützt durch gewisse Massenmedien und einige Politiker, begann nun ein Kesseltreiben gegen die Swissair und gegen das Eidgenössische Luftamt, besonders gegen dessen Direktor Dr. Markus Burkhard. Es hat kaum je einen anderen Schweizer gegeben, der die möglichen Entwicklungen des schweizerischen Luftverkehrs besser beurteilt hat als Markus Burkhard. Aber leider war der urchige Emmentaler nicht in der Lage, seine guten Ideen an den Mann zu bringen. Das Modewort ,,Public Relations'' war ihm ein Greuel. Im Jahre 1965 hatte er genug von all dem Getue. Er liess sich vorzeitig pensionieren. Die seinen Rücktritt gefordert hatten, glaubten, er habe damit der schweizerischen Luftfahrt einen guten Dienst erwiesen. In Tat und Wahrheit war dies aber durchaus nicht der Fall.

Die hohen Wellen der schweizerischen Luftfahrtpolitik schwappten auch nach Basel über. Dies umso mehr, als zur selben Zeit der Grosse Rat die Beteiligung an der bereits genannten Kapitalerhöhung der Balair zu beraten hatte. Die Globair-Freunde wüteten gegen den ,,Staatskrüppel'' Balair, der sowohl von der Regierung als auch vom Flughafen Basel–Mulhouse gegenüber der prosperierenden Globair mit allen Mitteln bevorzugt werde. Das Resultat war eine allgemeine Verunsicherung über die Güte der baslerischen Luftfahrtpolitik. Der 55-seitige Bericht der Grossratskommission betreffend Beteiligung des Kantons Basel-Stadt an der Erhöhung des Aktienkapitals der Balair AG, der unter Zuzug jeder Menge von Experten in über zwanzig Sitzungen während rund zweier Jahre erarbeitet worden war, legt darüber beredt Zeugnis ab. Die Riesenarbeit fand keine Würdigung, und das Basler Volk verwarf im September 1966 eine weitere Beteiligung des Kantons am Aktienkapital der Balair in der Höhe von 1,2 Millionen Franken mit rund 9 700 Nein gegen 6 500 Ja.

Die Balair ihrerseits konnte das zweijährige Hornbergerschiessen des Kantons Basel-Stadt natürlich nicht abwarten. Die modernen Flugzeuge mussten beschafft werden. Das notwendige Kapital fand sich andernorts, vor allem bei der Swissair. Der Einfluss Basels sank. Diese Entwicklung sollte auch jener Basler Bebbi nicht vergessen, der furchtbar schimpft, weil er zum Start für seine Entspannungsreise nach dem Fernen Osten nach Zürich pilgern muss. Letzten Endes hat er selber seinerzeit die Balair schwimmen lassen.

Meine Stellungnahme, der Kanton Basel-Stadt solle sich an der Balair vermehrt beteiligen, um damit aktiver ins Luftfahrtgeschehen eingreifen zu können, hat mir viele Feinde gemacht. Im Gerangel um den innerschweizerischen Luftverkehr nahm ich zudem eindeutig Partei für die Lösung Swissair/Balair. Nur diese Lösung konnte Bestand haben. Die Swissair war in der Lage, die Verluste diese Operation zu verkraften. Die Globair verfügte nicht wie sie über Kompensationsmöglichkeiten mit rentierenden Linien. Für mich hatte die Globair zu hoch gepokert; ihr Angebot war nicht seriös.
Aus diesem Grunde griff mich ein der Globair nahestehender Grossrat im Plenum persönlich an und verlangte wegen Unfähigkeit meinen sofortigen Rücktritt. Das war an meinem Geburtstag im April 1966. Regierungsrat Dr. Edmund Wyss hat mich gut verteidigt. Anderthalb Jahre später musste dieser gleiche Grossrat, der inzwischen Zivilgerichtspräsident geworden war, als eine seiner ersten Amtshandlungen in dieser Funktion den Konkurs der Globair feststellen.

Nach dem Konkurs der Globair führte der Kurs des schweizerischen Luftverkehrs in ruhigere Gewässer. Die Swissair hatte die schweizerische Luftfahrtpolitik wieder einmal ins Lot gebracht. Dies tat sie so gut, dass sie im Winter 1971/72 den in ihrem Auftrag durch die Balair geflogenen innerschweizerischen Verkehr sang- und klanglos aufheben konnte. Immerhin müssen wir von Basel aus der Swissair zugut halten, dass die wichtigen, von der Balair geflogenen Basler Verbindungen durch Swissair-Linien ersetzt und bis zu Beginn der achtziger Jahre beibehalten wurden. Bern jedoch musste sich mit der PTT und später mit der SBB trösten. Die relative Ruhe im schweizerischen Luftverkehr hielt an bis zum Erscheinen der Crossair. Unruhe brachte lediglich das Intermezzo mit der Jet Aviation.

Jet Aviation

Der Konkurs der Globair im Herbst 1967 bereitete dem Flughafen Sorgen. Dies nicht in erster Linie wegen der Gefahr eines Verkehrsrückganges. Viele Charterflüge nach Basel wurden von anderen Luftfahrtgesellschaften weiter bedient. Was den Linienverkehr betraf, hatten wir durch die Initiative der Globair neue nationale und internationale Verbindungen hinzugewonnen. Diese wurden jedoch, wie bereits berichtet worden ist, durch die Balair beflogen.

Im Werftareal hingegen hatten wir der Globair zwei grosse Flugzeughallen, geräumige Werkstatträume und einen grossen Bürotrakt vermietet. All das stand nun leer, und dem Flughafen drohte ein empfindlicher Einnahmenausfall.

Doch wir sollten Glück haben. Der Konkurs der Globair war kaum ausgesprochen, arrangierte Architekt Fritz Rickenbacher im Tessin eine Zusammenkunft zwischen Regierungsrat Dr. Edmund Wyss, dem Vizepräsidenten des Flughafens, und Carl Hirschmann, einem Selfmademan amerikanischen Musters. Dieser erfolgreiche schweizerische Geschäftsmann hatte bedeutende geschäftliche Beziehungen mit aller Welt, insbesondere aber mit den USA und Deutschland. Carl Hirschmann beabsichtigte mit amerikanischen Freunden eine schweizerische Frachtgesellschaft zu gründen und in Basel ein Container-Frachtzentrum zu errichten. Gleichzeitig sollte eine Unterhaltsbasis für Boeing-Flugzeuge und eine Stätte für Pilotenausbildung geschaffen werden. Bei Hirschmanns amerikanischen Freunden handelte es sich um Verwaltungsräte der Executive Jet Aviation Inc. in Columbus/Ohio, die mit der Pennsylvania Railroad Corp. in enger Beziehung stand. Präsident war O. F. Lassister, der ehemalige Generaldirektor des U. S. Air Transport Command. Ihm standen eine ganze Reihe von Drei- und Vierstern-Generälen zur Seite. Auch andere Berühmtheiten waren beteiligt, wie beispielsweise der Filmschauspieler James Stewart. Der Vietnamkrieg ging eben zu Ende. Eine grosse Menge von Flugzeugen, die für die Luftbrücke nach diesem Kriegsschauplatz verwendet worden waren, hatten keine Beschäftigung mehr. Der Pennsylvania Corp. wurde nachgesagt, sie beabsichtige mit diesen Flugzeugen ein weltweites Luftfahrtimperium aufzubauen, wobei gleichzeitig beabsichtigt gewesen sei, die strenge amerikanische Antitrust-Gesetzgebung zu unterlaufen.

Es gab einen bombastischen Empfang im Schützenhaus mit Vertretern der Regierung und der Wirtschaft Basels. Die Gäste wurden im Beisein vieler US-Generäle über die Absichten der zu gründenden Gesellschaft orientiert. Alles war märchenhaft – unser Flughafen schien wieder einmal gerettet.

Ich selber blieb aber diesmal zurückhaltend. Die ganze Angelegenheit schien mir ein Ausmass annehmen zu wollen, das von der Swissair, unterstützt durch die Bestimmungen des schweizerischen Luftfahrtgesetzes, nie hingenommen werden durfte, wollte sie sich nicht ihr eigenes Grab schaufeln. Dies trug mir wieder einmal Vorwürfe des Pessimismus und der Swissairhörigkeit ein.

Was dann eigentlich genau geschehen ist, ist mir nicht bekannt. Zweifellos hat Carl Hirschmann eingesehen, dass er sein Ziel ohne eine gewisse Duldung seitens der Swissair nicht erreichen konnte. Diese ihrerseits tat alles, um das Projekt zu torpedieren. Wie weit dann auch noch die amerikanischen Generäle eigene Wege gingen, ist ebenfalls unbekannt. Auf alle Fälle ist aus der grossen Basler Luftfrachtgesellschaft mit einer riesigen Flotte von Boeing 707, 727 und sogar 747 nichts geworden. Ein bedeutendes deutsches Wirtschaftsblatt mokierte sich: „Der Hüne Hirschmann passt in die Bünzliwelt der Eidgenossen, wie eine dänische Dogge in eine Dackelausstellung."

Die Unterhaltsbasis der Jet Aviation auf dem Flughafen Basel–Mulhouse blieb aber bestehen. Nach einigen Anfangsschwierigkeiten entwickelte sie sich so gut, dass recht bedeutende bauliche Erweiterungen ausgeführt werden mussten. Die Jet Aviation ist heute auf dem Basler Flughafen einer der wichtigsten Mieter und gleichzeitig einer der grössten Arbeitgeber. Als lizenzierter Unterhaltsbetrieb für Grossflugzeuge hat die Firma den Flughafen Basel–Mulhouse bedeutend aufgewertet, können doch fremde Luftfahrtgesellschaften darauf zählen, dass hier rund um die Uhr ein fachgerechter Service verfügbar ist.

Doch bevor diese Unterhaltsbasis richtig etabliert war und sich einer ruhigen, aber steten Entwicklung erfreuen konnte, gab es einen neuen Wirbel, der ein weltweites Echo auslöste.

Nachdem Carl Hirschmann eingesehen hatte, dass seine Pläne in der Schweiz nicht realisierbar waren, versuchte er es mit Deutschland. Hier war das Klima für ein solches Vorhaben recht günstig. Im Interesse, die Konjunktur auf hohem Niveau zu halten, gewährte die Bundesregierung bei Neugründungen von bestimmten Gesellschaften gewisse Steuererleichterungen. Dies galt insbesondere auch für Luftfahrtgesellschaften des Bedarfsverkehrs, die plötzlich wie Pilze aus dem Boden schossen. In Luftfahrtkreisen nannte man diese Neugründungen „Zahnarztgesellschaften'', weil es vor allem Angehörige dieses Berufes waren, die recht gut verdienten und es deshalb vorzogen, ihr Geld im Luftverkehr zu riskieren, anstatt dem Staat Steuern zu bezahlen.

Carl Hirschmann kam in Verbindung mit dem Deutschen Alexander von Prohaska, und zusammen gründeten sie eine Luftverkehrsgesellschaft, die sie entsprechend den Anfangsbuchstaben ihrer Vornamen „Calair" tauften. Es sollten fünf Boeing 707/720 zum Einsatz kommen. Schon bald standen drei solche Flugzeuge vor der Werft der Jet Aviation. Die Maschinen hatten früher der amerikanischen Fluggesellschaft Eastern Airlines gehört und wurden nun für den neuen Einsatz unter der Flagge „Calair" betriebsbereit gemacht. Schön herausgeputzt und technisch tipptopp instandgestellt, gingen sie aber nicht auf weite Reisen, sondern blieben sang- und klanglos am Boden stehen. Wie einige andere deutsche „Zahnarztgesellschaften" ist die Calair praktisch nie geflogen. Anstatt damit Steuern zu begleichen, strichen die neuen deutschen Luftfahrer ihr überzähliges Geld ans Bein. Die Jet Aviation war vorsichtiger. Für die Kosten der Unterhaltsarbeiten, die sie geleistet hatte, liess sie ein Pfandrecht an den drei Flugzeugen errichten.
Dann ging plötzlich alles sehr schnell. Die Flugzeuge sollten nach Lissabon überflogen werden. Die dafür notwendigen Papiere waren vorhanden, das Pfandrecht war aufgehoben worden, sodass vom Flugplatz aus ein solcher technischer Überflug nicht verhindert werden konnte. Nach der Landemeldung aus Lissabon glaubten wir das Kapitel Calair abschliessen zu können.

Da verkündete der rhodesische Verkehrsminister aller Welt stolz, Rhodesien habe drei Flugzeuge gekauft und werde in Kürze eine eigene Luftverkehrsgesellschaft in Betrieb nehmen. Das von der UNO ausgesprochene Embargo an Rhodesien war gebrochen worden. Wie dies geschehen konnte, ist unklar geblieben. Verkäuferin der Flugzeuge war eine liechtensteinische Briefkastenfirma. Idi Amin, der damalige berühmt-berüchtigte Staatschef Ugandas, soll geheult haben: Faschistisches Piratenstück. Selbst das Britische Oberhaus musste sich mit dem Fall befassen. Auch unser Flughafen kam ins Kreuzfeuer — natürlich absolut zu Unrecht. Die drei Flugzeuge starteten legal und absolut in Ordnung zu einem technischen Überflug nach Lissabon. Für das, was später geschah, konnte Basel—Mulhouse nicht verantwortlich gemacht werden.

Saab Fairchild HB-AHA der Crossair in Basel–Mulhouse, 1984; in Grösse
und Bequemlichkeit ein ideales Flugzeug für Europalinien ab Basel!

Foto Edi Marmet   70

Die Crossair

Im Herbst 1955 bestellte Juan Trippe, der Präsident der Pan American Airways, aus heiterem Himmel 20 Boeing 707 und 25 DC-8. Mit diesem Auftrag schockierte er die Welt des Luftverkehrs. Sowohl die Geschwindigkeit der Flugzeuge als auch deren Nutzlast wurde praktisch von einem Tag auf den andern verdoppelt. Dies geschah zu einem Zeitpunkt, da viele andere Gesellschaften eben erst DC-7 C oder Super-Constellations gekauft hatten, die noch lange nicht abgeschrieben waren. Im Grunde genommen war es ein irrsinniger Verschleiss an wirtschaftlichen Gütern, mit dem einzigen Ziel, die Konkurrenz zum Schweigen zu bringen. Ich erinnere mich an einen Besuch im Flughafen Frankfurt, wo mich eine ganze Reihe stillgelegter, nahezu fabrikneuer Super-Constellations der Lufthansa stark beeindruckte. Obschon einige nationale Luftverkehrsgesellschaften fast zusammenbrachen, erreichte indessen die Pan American ihr Ziel nicht.

Der zweite Schock erfolgte rund zehn Jahre später, als der gleiche Mann 25 Boeing 747 Jumbo-Jets in Auftrag gab und damit die Nutzlast pro Flugzeug verdreifachte. Auch dieser Schlag hat die Konkurrenz nicht zerstört. Dieser Trend zu immer grösseren Flugzeugen hatte jedoch zur Folge, dass sich der Luftverkehr auf einige wenige Gross-Flughäfen konzentrierte. Die grossen Flugzeuge mussten mit Passagieren gefüllt werden, und das war nur möglich, indem man diese auf einer Drehscheibe einsammelte und von dort wieder verteilte. Auf Langstrecken kann dieses Umsteigesystem in vielen Fällen akzeptiert werden. Im Europa-Verkehr hingegen wird es zum Nonsens. Nahe der Schallgrenze fliegend, erreicht man heute in Europa jeden Punkt in einer bis zwei Stunden. Ein sehr grosses Potential von Passagieren hingegen wird mit diesem System zu Umwegen und zu einem Umsteigemanöver gezwungen, das in der Regel mehr Zeit beansprucht, als ein direkter Flug benötigen würde. Das führt dazu, dass die Flugverbindung oft ebenso viel Zeit beansprucht wie die Reise mit einem Bodenverkehrsmittel. Solche Überlegungen erinnern mich an einen Spruch, den Bundesrat Ritschard im April 1970 in seiner Grussrede anlässlich der Einweihung der verlängerten Hauptpiste in Basel—Mulhouse zum Besten gab: „Langsam fährt man in unserer Zeit nur noch im Leichenwagen".

Die Crossair ist zum mindesten in Europa eine der wenigen Gesellschaften, die dem Grössenwahn im Luftverkehr bis heute mit gutem Erfolg die Stirn geboten hat. Moritz Suter, ihr initiativer Direktor, hat sich den Spruch von Bundesrat Ritschard zu Herzen genommen. Als ehemaliger Swissairpilot wusste er zudem, was für einen erfolgreichen Betrieb einer Luftverkehrsgesellschaft notwendig ist. Deshalb hatte er eine glücklichere Hand als manche der Amateure, die sich auf dem Gebiet des Zubringer-Luftverkehrs mit kleineren Flugzeugen versucht haben.

Zwar hat auch er klein begonnen. Zuerst nur mit bescheidenen Zubringerflügen nach Zürich. Insoweit war er der Swissair hochwillkommen, brachte er ihr doch aus Innsbruck, Klagenfurt, Nürnberg, Hannover und aus Lugano wertvolle Umsteiger auf ihr Liniennetz. – Doch plötzlich herrschte bei der Swissair Alarmstimmung. Sie litt unter der grossen Krise des Luftverkehrs anfangs der achtziger Jahre, deren Ursprünge nicht zuletzt auf die übertriebenen Flugzeugbestellungen Juan Trippe's zurückgehen. Als Folge eines unerbittlichen Konkurrenzkampfes waren die nationalen Luftverkehrsgesellschaften unter sich zerstritten wie noch nie, und es blies ein eisig kalter Wind am Himmel des Luftverkehrs.

Ein Gesuch der Crossair zur Eröffnung einer Linie Basel–Düsseldorf wurde abgelehnt. Dann bestellte die Crossair zehn neue Saab-Fairchild-Flugzeuge und verdoppelte damit ihre Kapazität. Schon fürchtete die Swissair, nicht nur mit ihren ausländischen Konkurrenten einen erbitterten Kampf führen zu müssen, sondern zusätzlich noch mit einer schweizerischen Gesellschaft in Konkurrenz zu treten. Nach ihrer Meinung durfte es zudem diese zweite schweizerische Linienflug-Gesellschaft gemäss Art. 103 des Luftfahrtgesetzes gar nicht geben.

Über einen merkwürdigen Handel mit der Lufthansa beanspruchte die Swissair eines Tages die Crossair-Linien nach Nürnberg und Hannover. Diesen Anspruch verteidigte sie mit der Begründung, die Bedienung dieser Linien liege im allgemeinen schweizerischen Interesse und sei deshalb nach Gesetz ihr selber vorbehalten. So weit so gut. Was nun aber weitherum nicht verstanden wurde, war die Tatsache, dass die Swissair diese beiden Linien nicht selber betreiben wollte, sondern zusammen und mit Flugzeugen der deutschen DLT, einer Tochter der Lufthansa. Die kleine Schweizergesellschaft Crossair sollte zu Gunsten eines Ausländers aus zwei Linien herausmanövriert werden, die ihr finanzielles Rückgrat bildeten. Über das Verhalten der Swissair-Gewaltigen gegenüber der Crossair gab es Kopfschütteln noch und noch. Ihr Goodwill kriegte bedenkliche Schlagseite, und Ausdrücke wie „Neidair" fielen in der Presse.

Der schwerlastende Druck der ausländischen Konkurrenz brachte der Swissair nicht nur Schwierigkeiten mit der Crossair, sondern auch mit den beiden Flughäfen Genf und Basel, die einen Abbau ihrer Dienste zu spüren bekamen und eine verstärkte Zentralisation in Zürich befürchten mussten. „Kloten écrase Cointrin", beklagte sich „La Suisse" im Juni 1980. Etwa zur gleichen Zeit sprach Direktionspräsident Armin Baltensweiler vor der Basler Handelskammer. Die Pressekommentare über diese Rede waren niederschmetternd: „Die besondere Berücksichtigung des Flughafens Basel—Mulhouse findet nicht statt!" — „Warum hat die Swissair seinerzeit 750 000 Franken für diesen Flughafen bezahlt?" so wurde gefragt. Die Zürichsee-Zeitung glaubte die pessimistischen Äusserungen des Swissair-Gewaltigen wie folgt kommentieren zu müssen: „Der Básler Flughafen ist nichts anderes als ein teurer Luxus und bildet eine Last für die ganze Schweiz."

In dieser in der Tat recht trüben Situation kam uns in Basel das Gerangel zwischen Swissair und Crossair gerade recht. Wenn schon die Swissair es für ihre Existenzsicherung als notwendig erachte, der Crossair die Linien Nürnberg und Hannover wegzunehmen, so solle die Crossair mit neuen Linien ab Basel entschädigt werden, auf denen die grossen Flugzeuge der Swissair nicht rentabel operieren konnten. Eine solche Lösung, die eindeutig in Richtung einer gewissen Regionalisierung des schweizerischen Luftverkehrs zielte, fand die Unterstützung der eidgenössischen Behörden. Ähnlich wie seinerzeit Arnold Isler durch sanften Druck die Fusion der Balair und der Ad Astra zur Swissair bewerkstelligte, entstand unter aktiver Assistenz von Direktor Künzi und Bundesrat Schlumpf zwischen der Swissair und der Crossair ein Zusammenarbeitsvertrag, der zur Sicherung der Existenz der Crossair beitrug und gleichzeitig dem Flughafen Basel—Mulhouse eine Reihe von neuen und nützlichen Direktverbindungen brachte. Zusätzlich errichtete die Crossair in Basel eine Unterhaltsbasis für ihre Flugzeuge, die sie bis anhin nicht selber gewartet hatte. Unser Flughafen wurde damit zum Ausgangs- und Endpunkt ihrer Flugzeugrotationen, was für die Bildung eines Liniennetzes von grossem Vorteil ist.

Meines Wissens gibt es in Europa heute neben den grossen Drehscheiben der nationalen Luftverkehrsgesellschaften keinen Flughafen, der im internationalen Ergänzungs-Luftverkehr mit Direktlinien so gut bedient ist wie Basel—Mulhouse. Ob diese Stellung auch in Zukunft, nach Ablauf der Vereinbarung Swissair—Crossair, gehalten oder sogar noch weiter ausgebaut werden kann, ist in erster Linie abhängig von der Qualität der Arbeit der Crossair. Mindestens ebenso wichtig ist dabei die Mitarbeit der Swissair.

Bei der Einigung mit der Crossair hat die Swissair wie kaum einer ihrer ausländischen Konkurrenten eingesehen, dass eine allzu grosse Konzentration des Luftverkehrs nicht im Landesinteresse liegen kann. Sie hat damit manifestiert, dass sie nicht nur gewillt ist, für einen kostendeckenden Betrieb zu sorgen, sondern dass sie daneben auch Verantwortungen trägt, die mit einer ausgewogenen wirtschaftlichen Entwicklung unseres Landes zusammenhängen. Das ist ihr hoch anzurechnen!

Man muss bedenken, dass eine schweizerische Ergänzungs-Luftverkehrsgesellschaft ohne die Mithilfe der Swissair kaum eine Überlebenschance hat. Diese Hilfe leistet die Swissair vor allem mit einer Reihe von wichtigen Dienstleistungen, die der Crossair unter den effektiven Kosten belastet werden. Finanziell ist dies für die Swissair immer noch günstiger, als die heute von der Crossair bedienten Basler-Linien mit eigenen grossen und damit unwirtschaftlichen Flugzeugen zu befliegen. Es ist zu hoffen, dass die Swissair auch in Zukunft bei allenfalls wieder schärfer werdender Konkurrenz diese Belastungen auf sich nimmt — umso mehr, als sie ja nach wie vor von den Zubringerlinien der Crossair profitiert. Sonst muss befürchtet werden, dass das Pionierwerk von europäischer Bedeutung, das Moritz Suter mit seiner Crossair begonnen hat, ebenso verschwindet, wie andere Ansätze zu einem schweizerischen Ergänzungs-Luftverkehr in früheren Jahren verschwunden sind oder zum Verschwinden gebracht wurden.

Aber der Schutz und das Wohlwollen der Swissair allein genügen nicht. Um in Zukunft den schweizerischen Luftverkehr und mit ihm auch die schweizerische Wirtschaft als Ganzes harmonisch weiterentwickeln zu können, muss der Ergänzungsluftverkehr gesetzlich verankert und angemessen geschützt werden. Art. 103 des Luftfahrtgesetzes und das in ihm vage formulierte „allgemeine Interesse" sind überholt.

Heiteres

Wenn man nahezu dreissig Jahre als Flugplatzdirektor gewirkt hat, kann man viel erzählen. Dieses Kapitel enthält einige wenige Episoden. Es ist mit „Heiteres" überschrieben. Heute kann ich das tun; damals war es öfters gar nicht so lustig.

Ich beginne mit einer der vielen Geschichten über den Zoll. In der Tat gibt es darüber viele Anekdoten. Sie hatten es ja auch nicht leicht, unsere Zöllner und Douaniers, mit dieser Zollgrenze, die mitten durch den Flughafen und sogar mitten durchs Restaurant führt.

Früher gab es ein grosses Problem, das heute glücklich gelöst ist. Es war nie klar, was der Flughafen selber zu verzollen hatte und was er zollfrei beschaffen durfte. Ganz zu Beginn gab es im Barackendorf nur alte Holzöfen, und wir beschlossen, diese durch modernere Ölöfchen zu ersetzen. Anstatt dass die Hostess morgens in der Frühe anfeuern musste, konnte man nur noch am Hähnchen drehen. Die Ölöfen kamen aus der Schweiz. Dem in Zolldingen nicht ganz klaren Staatsvertrag hatten die französischen Douaniers entnommen, diese Öfen seien zollfrei. Das Öl aber, das man zum Heizen verwendete, war nach dem gedruckten Wort des Staatsvertrages nicht eine Investition, sondern ein Verbrauchsgut. Deshalb wurde es zum Problem. Eines Tages erschien auf meinem Büro der französische Zollchef und erklärte mir klipp und klar, er könne es nicht verantworten, Heizöl zu schmuggeln; das Öl müsse verzollt werden, oder es sei französisches Öl zu verbrennen. Da die Ölkosten zu Lasten des Flughafens gingen, entschied ich mich grosszügig für das französische Öl. Mit diesem Entscheid, der die Douaniers voll befriedigte, waren aber die Öfen schweizerischer Provenienz ganz und gar nicht einverstanden. Sie konnten das französische Öl nicht vertragen. Wie ich nun an einem kalten Januarmorgen auf dem Weg in mein Büro neben jenem des französischen Zollchefs vorbeischritt, gab es einen dumpfen Knall, die Tür sprang auf, und in einer schwarzblauen Rauchwolke erschien das entsetzte, mit Russ verschmierte Gesicht des Zollamtsvorstandes. Als er am Hähnchen gedreht hatte, war französisches Öl nachgeflossen, und der Schweizer Ofen hatte unwillig und geräuschvoll reagiert. Von da an wurde für das Verbrauchsmaterial „Zimmerofenöl" in Bezug auf die Verzollung eine grosszügige Ausnahme verordnet.

Einen Riesenwirbel gab es um unseren Flugplatz, als Präsident de Gaulle mit seiner Algerienpolitik rechtsumkehrt machte und jenes Land in die Freiheit entlassen wollte. Da gab es die berühmte Flucht des ehemaligen Gouverneurs Jacques Soustelle aus Paris nach Algier, wo er von Fallschirmgeneral Massu, der mit der Pariser Politik auch nicht einig ging, gross empfangen wurde. Plötzlich hiess es, Soustelle habe auf unserem Flugplatz das Flugzeug der Balair bestiegen und sei damit nach Algier geflogen. Vorwürfe wurden erhoben, so etwas sei natürlich nur auf diesem Zwitterflughafen möglich, wo niemand wisse, wer kontrolliere. Hochnotpeinliche Befragungen waren die Folge. Die Balair schwor, sie habe keine Passagiere in Basel geladen, und niemand war Zeuge eines solchen Vorganges. Im übrigen hüllte sich die Balair in Schweigen. Trotzdem blieb ein gewisser Zweifel. Der Pilot der Balair bestand gegenüber dem Turm, auf der Westpiste starten zu dürfen. Damals verschwand bei einem solchen Startmanöver das rollende Flugzeug für eine gewisse Zeit aus dem Gesichtsfeld der Beamten im provisorischen Kontrollturm. In einer Art patriotischer Verblendung behauptete nun der diensttuende Beamte, der für ihn nicht sichtbare Rollvorgang habe ungebührlich lange gedauert. Es wäre dabei ohne weiteres möglich gewesen, das Flugzeug dort, wo es unsichtbar blieb, anzuhalten und einige wenige Passagiere aufzunehmen.

Es vergingen Tage, bis eindeutig feststand, dass Soustelle das Flugzeug in Genf bestiegen hatte. Damit war die Ehre unseres Flughafens wieder einmal gerettet. Die Balair, die gewisse Repressalien fürchtete, wollte den Flug mit Soustelle von Genf nach Algier nicht publik machen. Ihr Schweigen hat viel zur Ausbreitung des falschen Gerüchtes beigetragen. Ihre Befürchtung erwies sich indessen als grundlos. Im Gegenteil, später als alles wieder im Blei war, hatte die Balair in Paris einen guten Ruf.

Staatsbesuch! Der damalige deutsche Verteidigungsminister Franz Joseph Strauss wurde auf dem französischen Sektor erwartet. Es gab viele nervöse Offizielle und eine Ehrengarde, wie ein Lineal ausgerichtet, auf dem mit Eisenplatten belegten Flugzeugabstellplatz. Plötzlich trifft eine telefonische Meldung ein: Minister Strauss reist nicht im Flugzeug, er wird im Personenwagen eintreffen. Grosse Aufregung, die Ehrengarde disloziert vom Flugzeugabstellplatz auf den strassenseitigen Parkplatz des Barackendorfes. Kaum ist der Letzte in Reih und Glied, meldet der Kontrollturm: Das Flugzeug des Ministers ist im Anflug, Landung in fünf Minuten. Noch grössere Aufregung. Alles disloziert wieder auf den Flugsteig. Wie eben das ministerielle Flugzeug zur Landung ansetzt, erscheint eher scheu und unscheinbar ein Zivilist in einem hellen Regenmantel. Im Moment, da ein Offizieller diesen ungebetenen Gast wegweisen will, erkennt man in ihm Bundesminister Strauss. Er war mit seinem Chauffeur im Wagen angereist, sein Gefolge war im Flugzeug. Schlussendlich wurde dann doch noch die Ehrengarde abgeschritten. Sie hatte ein letztes Mal vom Flugsteig auf den Parkplatz disloziert.

Es war uns gelungen, neue Frachttransporte nach Basel zu lenken. Es handelte sich um eine grössere Anzahl Flüge von Frischfleisch aus Argentinien, die eine bei uns stationierte CL 44 tätigte. Eines Freitagnachmittags, es ging schon stark gegen Feierabend, erschien diese Maschine überraschend mit einer Ladung Fleisch, das alles andere als frisch war. Das Flugzeug verbreitete einen feinen, aber äusserst unangenehmen süsslichen Geruch. Seine Ladung war ursprünglich für Nordafrika bestimmt gewesen. Aber dort streikte irgendwer; die Zeit verging, und statt ausgeladen zu werden, schmorte das Fleisch in der heissen Saharasonne. Die Piloten wollten noch retten, was zu retten war, und entschlossen sich, zu uns zu fliegen. Sie hofften, in Basel die Ladung noch anbringen zu können. Weit gefehlt! Der zuständige Grenztierarzt schlug Alarm und die Hände über dem Kopf zusammen. Das Fleisch dürfe nicht in die Schweiz eingeführt werden. Dann begannen die Telefone heiss zu laufen. Die französische Amtsstelle, die das Fleisch hätte unschädlich machen können, weigerte sich, die Ladung anzunehmen. Denn erstens sei sie für die Schweiz bestimmt, und zweitens habe das Wochenende bereits begonnen. Die Wasenmeisterei in Basel erklärte sich ausserstande, eine so riesige Fleischmenge zu verwerten, und die Kehrichtverbrennungsanstalt wollte davon auch nichts wissen: Das Fleisch hätte das Feuer in ihren Öfen erstickt.

Da fand einer einen Ausweg. Das Freilager im Dreispitz war bereit, das Fleisch vorübergehend in Tiefkühlräumen zu lagern. Aber da wieherte der eidgenössische Amtsschimmel. Einfuhr strikte verboten – auch ins Zollfreilager! Schon ging es gegen sechs Uhr, und wir riskierten auf dem Flughafen ein irrsinnig verstunkenes Wochenende. Jetzt griff ich selber ins Geschehen ein. Kurz vor Arbeitsschluss wurde ich mit dem höchsten Chef der zuständigen Amtsstelle in Bern verbunden. Zuerst war ich freundlich. In den Tiefkühlräumen könne ja nichts geschehen. Es war nutzlos. Dann begann ich zu drängen. Die Einfuhr blieb verboten. Dann wurde ich laut! Ohne Erfolg. Zuletzt wurde ich wiederum ganz leise, aber unheimlich bestimmt: „Wenn wir bis sechs Uhr die Genehmigung zur Lagerung in den Tiefkühlräumen nicht bekommen, werden die dreissig Tonnen stinkenden Fleisches unter meinem persönlichen Kommando auf unsere betriebseigenen Lastwagen verladen, nach Bern transportiert und auf dem Bundesplatz, direkt vor dem Bundeshaus, abgeladen." – Um 18.15 Uhr tickte der Fernschreiber; die Bewilligung für das Freilager traf ein.

Wie der Seemann sein Garn spinnt, so erzählen alte Flieger ihre Geschichten. Eine stammt vom Piloten des letzten DC-3-Nachtpostkurses Zürich—Basel—Amsterdam, anlässlich einer kleinen Abschiedsfeier. Die Geschichte — ob wahr, ob erfunden, bleibe im Dunkeln — soll in den dreissiger Jahren, eben auf diesem Nachtpostflug geschehen sein. Neben der Post wurden auf diesem Kurs jeweils einige wenige Passagiere mitgenommen, die mitten in der Nacht zu einem günstigen Tarif reisten. Wegen dieser Passagiere musste aus Sicherheitsgründen eine Hostess mitgenommen werden. Es waren meist junge, frischausgebildete Mädchen mit wenig Flugerfahrung, die auf diesem Kurs mehr oder weniger ihre Feuertaufe erlebten. Als Neulinge waren sie oft nervös oder gar ängstlich. So ein scheues Reh hatte das Pech, auf einen alterprobten, derben und wetterharten Käptn zu stossen. Passagiere waren keine da, nur Postsäcke. Das Wetter war abscheulich, und die DC-3 torkelte wie eine betrunkene Krähe durch den schwarzen Himmel, Amsterdam entgegen. Dem Mädchen, mutterseelenallein in der Passagierkabine, wurde es allmählich mulmig zumute. Angst kam auf — immer häufiger und immer bleicher turnte es nach vorne zum Cockpit, öffnete die Tür und fragte mit besorgter Stimme, ob auch alles in Ordnung sei. Beruhigende Worte der beiden Piloten und der Rat, es solle nach hinten schlafen gehen, blieben erfolglos. Schlafen in diesem Hexenkessel, das schien dem Mädchen heller Wahnsinn; es öffnete nach einigen Minuten die Augen, und ein unüberwindbarer Zug trieb es wieder nach vorne zum Cockpit. Da wurde es unserem Käptn zu bunt. Barsch schickte er die Hostess nach hinten. Einige Zeit später schrieb er etwas auf einen Zettel, befestigte diesen an der Steuersäule und bedeutete dem Co-Piloten, seinen Sitz zu verlassen. Nachdem sie mit der Klingel, die die Hostess ins Cockpit beorderte, Sturm geläutet hatten, versteckten sich beide rasch hinter den Vorhängen des leeren Gepäckkompartiments direkt hinter dem Cockpit. Das Mädchen, halb beunruhigt, halb froh, etwas tun zu dürfen, eilte nach vorne — und erstarrte. Der tosende Fahrtwind heulte ihm aus den beiden offenen Cockpitfenstern entgegen. Die beiden Pilotensitze waren leer, und die Steuersäulen, gelenkt vom automatischen Piloten, ruderten wild umher. Dann entzifferte es die Notiz auf der Steuersäule: ,,Wir sind abgesprungen!" — Nach diesem Schrecken soll die junge Hostess im Dienst nie mehr irgendwelche Zeichen der Angst zur Schau getragen haben.

Auf einem Flugplatz wird viel gestohlen. Besonders in unserem Aufnahmegebäude bekommt alles Beine, was nicht niet- und nagelfest ist. In einer dunklen Nacht verschwand sogar einmal ein Scheinwerfer der hochintensiven Anflug-Lichterkette. Der Dieb wurde nie erwischt, und es bleibt bis heute ein Geheimnis, was in aller Welt er mit diesem Riesending hat beleuchten wollen. Über all diese kleineren Diebstähle könnte man getrost hinwegsehen — aber uns wurde im Jahre 1963 eine DC-4 gestohlen! Das Echo war wieder einmal weltweit.....

Oben: DC-6 B, der langjährige unverwüstliche Oldtimer der Balair, im Anflug nach Basel–Mulhouse. Der gemütliche, manchmal auch etwas durch Turbulenzen geschüttelte Flug mit der währschaften Propellermaschine wurde von vielen Passagieren auch im Jet-Zeitalter geschätzt. Unten: DC-10 der Balair in Basel–Mulhouse.   Fotos Edi Marmet

Eine DC-4 mit der amerikanischen Immatrikulation N 90443 hatte bei uns eine Zwischenlandung gemacht. Das Flugzeug war leer, und die Besatzung verschwand, ohne nähere Angaben zu hinterlassen. Für Wochen meldete sich niemand. Wir fanden heraus, dass als Halter des Flugzeuges eine „Transatlantic Airlines" figurierte. Wie sich später zeigte, waren aber die Eigentumsverhältnisse an diesem Flugzeug nie klar geregelt worden. Eines Tages erschien der französische Huissier und legte das Flugzeug an die Kette. Es war rechtmässig gepfändet worden. In Anbetracht der engen Verhältnisse auf dem damals noch provisorischen Flugzeugabstellplatz parkierten wir die DC-4 an einer abgelegenen Stelle des Flughafens.

Später meldeten sich die beiden Piloten des Flugzeuges, wiesen sich aus und baten, am Flugzeug einen normalen Unterhaltsdienst vornehmen zu dürfen. Dies wurde ihnen bewilligt, mussten doch von Amtes wegen am Flugzeug jene Arbeiten ausgeführt werden, die notwendig sind, um Schäden zu vermeiden. Dazu gehörte auch das Tanken einer kleineren Menge Benzins. Nach getaner Arbeit meldeten sich die beiden Piloten am späteren Nachmittag wiederum ordnungsgemäss ab. – Wie gross war dann das Erstaunen, als man am nächsten Morgen bei Tagesgrauen keine DC-4 N 90443 mehr vorfand! – Was war geschehen? Anstatt das Flugzeug zu konservieren, hatten es die beiden Piloten flugbereit gemacht. Gleichzeitig hatten sie erkundet, wie sie ungesehen zu nächtlicher Stunde zu der Maschine gelangen konnten. Alles war prima vorbereitet und lief ab wie ein wohldurchdachtes Drehbuch.

Die Nacht war stockdunkel. Es herrschte reger Nachtverkehr mit Englandtouristen. Im Schutz dieses Lärms rollten sie ohne Lichter zur Westpiste. Für ihren eigenen Start benützten sie den Zeitpunkt zwischen zwei Starts auf der Hauptpiste, einem lärmigen Comet der BEA und einer kaum weniger lauten Caravelle der Swissair. Vom Kontrollturm unbemerkt startete die DC-4 sofort nach dem Comet und kreuzte die Flugbahnen der andern Flugzeuge. Der Husarenstreich erfolgte ohne Meldung, weder an die schweizerische noch an die französische Flugsicherung. Diesen Flug unkontrolliert durchzuführen, war ein höchst unverantwortliches Verhalten der beiden Piloten.

Sofort nachdem wir den Verlust am nächsten Morgen festgestellt hatten, wurde eine umfassende Suchkampagne quer durch Europa eingeleitet. Auf Grund der geschätzten Benzinmenge konnte das Flugzeug nicht weit geflogen sein; trotzdem blieb es für Tage, ja Wochen verschollen. Endlich wurde man in Brüssel fündig. Es stellte sich heraus, dass zwei Piloten, Daniel Walcot und Bruce Alcorn, die in Basel gestohlene Maschine nach Mailand geflogen hatten, wo irgendjemand die Immatrikulation des Flugzeuges änderte. Nach diesem „Face-lifting" flog das Flugzeug regulär nach Brüssel. Dort war unser Such-Telex wohl gelesen, aber negativ beantwortet und als gegenstandslos abgelegt worden. Eine DC-4 N 90443 war in der Tat nie in Brüssel gelandet. Über Basel—Mulhouse ergossen sich Spott und wohlgesetzte, ja anklagende Zeitungskommentare. Es gab sogar politische Vorstösse. Mailand aber, wo Suchtelexe nicht beantwortet wurden, wo es möglich war, dass ein durch die Flugsicherung nicht kontrolliertes Flugzeug mit einer bestimmten Immatrikulation nachts landen und am nächsten Morgen mit anderer Immatrikulation regulär wiederum starten konnte, Mailand wurde nirgends erwähnt.

Monate später entdeckte man die beiden Piratenpiloten in Paris-Orly anlässlich eines gewerbsmässigen Fluges. Sie wurden verhaftet. Der Prozess fand in Mülhausen statt; der eine wurde zu sechs Monaten, der andere zu vier Monaten Gefängnis verurteilt. Ihre Beteuerungen, sie seien die rechtmässigen Eigentümer des Flugzeuges, wurden nicht in Erwägung gezogen. Allzu schwer wogen die andern Gesetzesverletzungen, die sie begangen hatten.

Uns vom Flughafen war eines klar: Eine solche Blamage sollte sich nicht mehr wiederholen. Wenn von nun an, was relativ häufig der Fall war, bei uns wiederum ein Flugzeug an die Kette gelegt wurde, postierten wir mit einem Spezialfahrzeug einen tonnenschweren Betonklotz so vor das Flugzeug, dass keiner es mehr unbeaufsichtigt wegrollen konnte.

Jahre später führte mich mein Kollege aus Brüssel über seinen Flughafen. In einer abgelegenen Ecke bestaunten wir eine total verrottete DC-4. Durch den abgewaschenen Firnis hindurch konnten wir das Zeichen N 90443 entziffern......

Tragisches

Nach der Eisenbahn ist das Flugzeug, das für die gewerbsmässige Luftfahrt eingesetzt wird, das sicherste Verkehrsmittel. Dies tönt für denjenigen, der moderne Massenmedien konsumiert, unglaubwürdig. Abstürze von Flugzeugen werden weltweit veröffentlicht; publizistisch sind sie interessanter als andere Unfälle.

Seit Kriegsende sind in der Schweiz drei grössere Flugzeugkatastrophen zu beklagen: Dürrenäsch, Würenlingen und Hochwald. Diese Katastrophen beschäftigten die Bevölkerung wochenlang. Gedenksteine wurden gesetzt, und Jahre später fanden in regelmässigen Abständen Gedenkfeiern statt. Dies ist menschlich begreiflich, und es liegt mir fern, dagegen etwas zu sagen. Aber hat man sich schon einmal überlegt, dass, wollte man der Toten des schweizerischen Strassenverkehrs gleichermassen gedenken, kein Monat vorübergehen könnte, ohne dass zu einer ähnlichen Totenfeier aufgerufen werden müsste.

Es ist aber falsch, nur die Massenmedien anzuklagen. Wenn Flugzeugkatastrophen die Menschen immer mehr erschrecken, so sind nicht zuletzt die Verantwortlichen in den Flugzeugfabriken und die Leiter der grossen Luftverkehrsgesellschaften selber schuld. Immer grössere Flugzeuge werden bestellt und hergestellt. Was nützt es, mit Hilfe absolut korrekter Zahlen zu beweisen, dass der Luftverkehr immer sicherer wird, wenn man gleichzeitig bis zu 500 Personen in ein einziges Flugzeug pfercht und damit Katastrophen von riesigem Ausmass in gewissem Sinn vorprogrammiert? Auch das ist ein ungesunder Gigantismus.

Als Flughafendirektor ist man jederzeit mit der Möglichkeit einer Flugzeugkatastrophe konfrontiert. So faustdick wie in Arthur Haileys Buch „Airport" geht es aber nicht zu und her. In diesem, sonst überraschend fachkundig geschriebenen Roman erlebt der Flughafendirektor Mel Bakersfield in 24 Stunden soviel an Tragik, wie ein gewöhnlicher Flughafendirektor normalerweise im Verlauf seiner ganzen Karriere über sich ergehen lassen muss. Trotzdem zerrt diese ständige Konfrontation schon etwas an den Nerven.

Natürlich gab es während meiner Zeit als Direktor einige kritische Situationen. Doch geschah nur selten etwas Ernsthaftes. Bei den Kleinflugzeugen waren die Zwischenfälle häufiger, aber harmloser. Es gab Capotagen, weil das Wetter stürmisch war, oder ausnahmsweise sogar Landungen auf dem Bauch, weil der Pilot vergessen hatte, das Fahrgestell auszufahren. Beim gewerbsmässigen Verkehr mit den grossen Maschinen waren die Aufregungen und der Aufwand bei Unregelmässigkeiten jeweils bedeutend grösser. Es gab Notlandungen wegen schadhafter Pneus oder Fehlern an Fahrgestellen. Auch kleinere Motorbrände mussten hin und wieder gelöscht werden. Ich erinnere mich an Flugzeuge, welche die Piste verlassen hatten und, meistens bei Nacht und Nebel oder sogar bei Schneetreiben, unter Zeitdruck und mit grossem Aufwand wieder flottgemacht werden mussten. Einmal erlebten wir sogar eine funkensprühende Bauchlandung einer Vickers Viking mit 29 Passagieren an Bord. Alles ging gut. Ein Oberarzt des Kantonsspitals Basel, der bei diesem Manöver zusammen mit der Feuerwehr und dem Unfallpikett auf dem Platz war und das Geschehen verfolgte, war sichtlich beeindruckt. Er gratulierte mir und meinte: ,,Das klappt ja bei euch genau so gut wie bei uns im Operationssaal''. Diese Bemerkung machte mich recht stolz und entschädigte mich für viele unsachliche Kritiken.

Solche Zwischenfälle ohne schlimme Folgen hatten den Vorteil, dass jeweils das bestehende Feuerlösch- und Rettungsdispositiv ernstfallmässig überprüft und wenn notwendig verbessert werden konnte.

Schwerwiegender war ein anderer Fall, der zwar ebenfalls glimpflich ablief, aber haarscharf an einer Katastrophe vorbeiging. Dieses Geschehen führte zur Kreation eines Witzes, der nach dem längsten Flugzeug der Welt fragte. Das sei eine Caravelle der Swissair, die in Genf zur Landung ansetze, wenn ihr Fahrgestell noch in Basel sei.

Es war an einem nebligen Septembermorgen des Jahres 1961. Zürich war geschlossen, unser Flugplatz noch offen. Aber leichter, kaum spürbarer Nordwind hatte eingesetzt, der langsam aber sicher undurchdringliche Nebelschwaden dicht über dem Boden rheinaufwärts wälzte.
Die Besatzung einer Caravelle auf dem Kurs London–Zürich entschloss sich, nach Basel auszuweichen. Das Turmpersonal in Basel–Mulhouse war wegen des aufkommenden Nebels etwas beunruhigt und gab der Besatzung laufend schlechter werdende Wettermeldungen durch. Die Kontrolleure im Turm hörten das anfliegende Flugzeug, sahen es aber nicht. Sie waren heilfroh, als der Pilot meldete, er starte durch und fliege nach Genf, wo schönes Wetter herrschte. Da telefonierte ein Meteobeamter in grosser Aufregung und ausser Atem, er habe eben auf seinem Weg zur Arbeit ein landendes Flugzeug gehört und auch schemenhaft gesehen. Es sei unheimlich tief geflogen. Einige hundert Meter vor dem Pistenanfang habe er im Gras Radspuren entdeckt, und an deren Ende liege ein kom-

plettes Fahrgestell. Der Pilot des Flugzeuges hatte vom erlittenen Schock nichts gemeldet und sofort nach seiner Abmeldung in Basel Kontakt mit Genf aufgenommen. Die Flugsicherung in Genf wurde vom Basler Turm über das verlorene Fahrwerk orientiert, und Genf traf alle Vorbereitungen für eine Bauchlandung. Zwanzig Minuten später landete die Caravelle in Genf, und die Passagiere konnten das Flugzeug heil verlassen. Diese Landung wurde als bravouröses Meisterstück des Piloten bewertet.

Im Gegensatz dazu war die Schlussfolgerung im Bericht der Eidgenössischen Untersuchungskommission für Flugunfälle für den Kommandanten des Flugzeuges niederschmetternd. Sie lautete: „Die Bodenberührung ist darauf zurückzuführen, dass der Kommandant, nachdem er und der Co-Pilot der Wetterentwicklung zu wenig Aufmerksamkeit schenkten, vorübergehend von der Überwachung der Instrumente abliess und das Flugzeug unter die zugelassene Mindestflughöhe absinken liess."
Bei solchen Schlechtwetteranflügen muss mit eiserner Disziplin eine Arbeitsteilung zwischen Kommandant und Co-Pilot eingehalten werden. Der Kommandant überwacht die Instrumente und fliegt das Flugzeug. Der Co-Pilot schaut hinaus. Sobald er Bodensicht hat, meldet er dies dem Kommandanten. In diesem Moment muss der Kommandant mit den Augen von den Instrumenten weg und das Flugzeug mit Sicht landen. Kommt diese Meldung nicht und der Kommandant erreicht die zugelassene Mindestflughöhe, muss er mit Hilfe seiner Instrumente durchstarten. Nie und nimmer darf er sich verleiten lassen, selber Ausschau zu halten, ob die hochintensive Lichterkette in Sicht komme. Sein Zeitgefühl wird ihn trügen, und er wird den Punkt des Durchstartens verpassen.
Ich habe der abschliessenden Sitzung der Untersuchungskommission, welche die Unfallursachen finden musste, beigewohnt. Es war nahezu unmenschlich, wie der Vorsitzende in der Befragung dem Kommandanten des Flugzeuges mit eiskalter juristischer Akribie solange zusetzte, bis dieser mit erstickter Stimme zugeben musste, er habe für einen Augenblick zum Cockpit hinausgeschaut. Solche Torturen erscheinen im Interesse der Sicherheit der Flugpassagiere notwendig. Wenn sich — wie in diesem Fall geschehen — der beschuldigte Pilot einige Zeit später das Leben nimmt, bleibt trotzdem ein schales Gefühl zurück.

Am 10. April 1973 geschah das grosse Unglück. Die Bäume trugen bereits die ersten Blätter. Das Wetter war fürchterlich. Es war kalt, neblig, und der Jahreszeit durchaus nicht entsprechend tobte ein Schneesturm. Ich verliess mein Büro und wollte mich zum Offiziellen Tag der Schweizer Mustermesse begeben. Da begegnete mir Kommandant Roques in grosser Aufregung: „Komm mit auf den Turm, ich glaube, wir haben ein Flugzeug verloren!" Im Turm wurde uns gemeldet, es sei eine Vickers

Vickers Vanguard der englischen Charterfluggesellschaft Invicta International in Basel–Mulhouse. Eine Maschine dieses Typs stürzte am 10. April 1973 tragisch bei Hochwald ab. Foto Edi Marmet

Luftbild des Flughafens Basel–Mulhouse mit der verlängerten Haupt-
piste, April 1979.   Foto Swissair, Archiv Flughafen Basel–Mulhouse   86

Vanguard der Invicta mit englischen Touristen an Bord überfällig. Das Flugzeug habe zwei erfolglose Anflüge durchgeführt, und noch während des zweiten Anfluges sei die Verbindung abgebrochen. Der Katastrophenalarm war bereits ausgelöst worden. Während ich mich vergewisserte, dass Basler Feuerwehr, Krankentransport und Kantonsspital richtig alarmiert waren, übertrug Roques den Punkt, wo das Flugzeug vom Radarschirm verschwunden war, auf eine Landkarte. Wir mussten wissen, wo das Wrack lag! Nur das war vorerst wichtig. Andernfalls war ein gescheiter Einsatz der Rettungsmannschaften für die Bergung der 145 toten, verletzten oder vielleicht sogar unversehrten Insassen nicht möglich. Es dauerte 70 Minuten, bis wir den Absturzort kannten. Ich glaube, es waren die längsten Minuten meines Lebens.

Gemäss dem Echo auf dem Radarschirm hätte das Wrack auf den Hügeln oberhalb Dornach liegen müssen. Doch wir wussten, dass der Punkt des Verschwindens auf dem Radarschirm nicht mit der Absturzstelle identisch zu sein brauchte. Telefonische Meldungen von Zeugen waren höchst verwirrend. Ein Anruf aus Aesch bestärkte uns eher in der Annahme, das Flugzeug habe rechts abgedreht und sei im Radarschatten des Blauen längs des Birstales westwärts weitergeflogen. Ein anderer Anrufer behauptete steif und fest, der Absturz sei auf dem Bruderholz erfolgt. Der Feuerwehrkommandant von Hochwald hatte nahe seinem Hof ein lautes Motorengeräusch, verbunden mit einem starken Rauschen, gehört; einen typischen Aufprall eines Absturzes konnte er aber nicht bestätigen.
Die Folge dieser Unsicherheit war, dass eine Unmenge von Ambulanzen und Feuerwehrfahrzeugen in der Gegend von Dornach planlos herumirrten. Alle hatten sie den Willen zu helfen, konnten aber nichts ausrichten. Eher das Gegenteil war der Fall. Vom späten Schneefall überrascht, waren viele Fahrzeuge nicht mit Schneepneus ausgerüstet und blieben stecken. Sie verstopften die Strassen, die ihrerseits durch Bäume, die unter der Schneelast zusammenbrachen, blockiert waren.
Das Radio vergrösserte ungewollt, in der besten Absicht, bei der Suche nach dem Flugzeug mitzuhelfen, das allgemeine Durcheinander, weil seine Reportage eine Menge Schaulustige und Gaffer mobilisierte, die ebenfalls die Strassen verstopften.
In der Schweiz, im benachbarten Frankreich und auch im grenznahen Deutschland standen Suchhelikopter startbereit. Der Nebel und der starke Schneefall verunmöglichten aber deren Einsatz.

Bei all dieser Aktivität und nach Prüfung der sich widersprechenden telefonischen Meldungen verstärkte sich bei uns im Einsatzzentrum auf dem Flughafen der Verdacht, das Flugzeug habe im Gebiet hinter Dornach den Boden nicht berührt und sei in unbekannter Richtung noch kilometerweit bis zum Absturz weitergeflogen. Zudem war das fragliche Gebiet

Oben: Boeing der „Zahnarztgesellschaft" Calair vor der Halle der Jet
Aviation (vgl. Seite 69).   Sammlung Edi Marmet
Unten: Landende Caravelle der innerfranzösischen Linienverkehrsgesell-
schaft Air Inter, die Basel–Mulhouse regelmässig mit Verbindungen nach
Paris und andern französischen Flughäfen anfliegt.   Foto Edi Marmet

so stark besiedelt, dass wir uns nicht vorstellen konnten, der eigentliche Absturz sei unbemerkt geblieben. Aber die Schneemassen, die in den bereits belaubten Wäldern bei Hochwald hängen blieben, bildeten ein dichtes Gespinst, das wie ein riesiger Schalldämpfer wirkte. Nur so war es möglich, dass der Feuerwehrkommandant von Hochwald keine Absturzgeräusche ausmachen konnte, obschon das Flugzeug nur einige hundert Meter neben seinem Hof im Wald zerschellte. Noch bedeutend näher stand ein bewohntes Pfadfinderheim, wo niemand etwas Abnormales wahrnahm. Niemand fand das Wrack. Rund 70 Minuten nach dem Absturz begegnete ein Suchtrupp der Feuerwehr Hochwald nicht weit vom Dorf entfernt einem kleinen Grüppchen verletzter Passagiere, die Hilfe suchten. Die Rettungsmannschaften konnten endlich zum richtigen Ort dirigiert werden.

Es dauerte Monate, bis die voluminösen Unfallberichte vorlagen, die von einem Team zahlreicher Spezialisten ausgearbeitet wurden. Sie machten es einigermassen möglich, das Zusammenspiel der verschiedenen Ursachen, die zum Unfall geführt hatten, zu durchschauen.
Gewisse Journalisten waren viel klüger. Schon nach wenigen Stunden wussten sie über Ursachen und Verantwortliche zu berichten. Sie hatten pflichtgemäss recherchiert, überall, besonders aber bei „zuständigen Sprechern" des Flughafens. Wie wir später feststellen konnten, handelte es sich dabei zum mindesten in einem Fall sogar um eine Putzfrau.
Besonders betroffen war ich über die in einigen Tageszeitungen erhobenen Vorwürfe, wir vom Flughafen hätten bei der Organisation der Rettungsdienste nachlässig gehandelt, das Auffinden des Wracks verzögert, und seien schuld am Tod einiger Passagiere. Nicht zuletzt auf mein Ersuchen behandelte eine Spezialgruppe des Büros für Flugunfalluntersuchungen diesen Aspekt der Rettungsaktionen. Ihr Teilbericht zeigte klar, dass die Beschuldigungen in allen Teilen nicht stichhaltig waren.

Die amtliche Untersuchung brachte einen ganzen Komplex von Unfallursachen zutage. Primär verantwortlich waren das fliegerische Verhalten der Piloten und bedeutende Mängel an der Navigationseinrichtung der Vanguard. Der fliegerische Lebenslauf insbesondere des einen der Piloten, der wenigstens zu Anfang des Anflugmanövers die Rolle des Kommandanten übernommen hatte, liess in der Tat viele wichtige Fragen offen. Dies insbesondere in Bezug auf dessen Ausbildung im Blindflug. So war denn auch der erste Blindanflug in Basel völlig missraten. Anstatt danach zum Ausgangspunkt im Norden des Flughafens zurückzukehren, begann der zweite Anflug praktisch über dem Flughafen und erfolgte in Richtung Süden, die Landepiste hinter sich lassend. Wie dies möglich war, ist kaum zu begreifen und kann nur erklärt werden mit einer bestimmten Sorglosigkeit der Besatzung, die wusste, dass das Navigationssystem des Flugzeuges fehlerhaft funktionierte, und wissen musste, dass einzelne der damaligen Bodenanlagen des Flughafens bei diesem Sturmwetter nicht absolut einwandfrei arbeiten konnten.

Hauptsächlich in der englischen Presse wurde unserem Kontrollturmpersonal vorgeworfen, es hätte hellhörig werden und die Flugzeugbesatzung früher warnen müssen. Im zusammenfassenden Schlussbericht des Büros für Flugunfalluntersuchungen steht darüber nichts zu lesen. Immerhin hat dann, nach der öffentlichen Verhandlung über den Unfall, die zuständige Kommission, die zur Hauptsache aus Juristen besteht, festgehalten, es wäre eine erhöhte Wachsamkeit und aktivere Hilfsbereitschaft seitens des Turmpersonals zu erwarten gewesen.
Nachträglich und nach Kenntnis all der Irrwege des Flugzeuges und der von den Piloten begangenen Fehler war es natürlich leicht, eine solche Feststellung zu machen. Vom Gesichtspunkt der im Einsatz stehenden Kontrolleure sieht die Sache schon etwas anders aus. Bis kurz vor dem Unfall hatten sie wirklich keinen Grund, anzunehmen, etwas laufe schief. Der damals noch etwas primitive Flugplatzradar war wegen des Schneegestöbers stark gestört, und zudem gab es über dem Flughafen einen Konus, in welchem die Flugzeuge nicht sichtbar waren. Beim zweiten Anflug, der in Tat und Wahrheit im Süden, den Flugplatz hinter sich lassend, erfolgte, rapportierte der Pilot mit ruhiger Stimme den normalen Überflug der im Norden liegenden Funkfeuer. Erst als plötzlich Zürich meldete, es sähe in der Nähe von Hochwald ein unangemeldetes Flugzeug, herrschte Alarmstimmung, umso mehr als dieses Objekt nun auch undeutlich auf dem Basler Schirm erschien. Trotz Zweifeln, ob es sich wirklich um diesen Invicta-Flug 435 oder um ein unbekanntes Flugzeug handelte, reagierte der Kontrolleur sofort und erhielt vom Flugzeug die Bestätigung, sie hätten das Funkfeuer im Norden überflogen und befänden sich ausgerichtet auf dem ILS-Strahl. Dann ging alles sehr schnell. Der Turmkontrolleur warnte und verlangte die Flughöhe: „I think you are on the south of the field." Dann, sehr eindringlich: „You are on the south of the field."

„1400 on QNH", war die letzte, nun doch etwas unruhig klingende Antwort der Invicta 435. Wenigstens die Höhenmesser der Vanguard haben fehlerlos gearbeitet. Die Anhöhe einige hundert Meter vor der Absturzstelle, wo das Flugzeug zum ersten Mal den Boden berührte und einige Baumwipfel kappte, liegt ziemlich genau auf der Höhe QNH 1400.

Die Warnungen des Turmes erfolgten einige wenige Sekunden zu spät. Von den 145 Insassen des Flugzeuges mussten 107 sterben.

Die Taube mit dem doppelten Kopf

Es war zu Beginn meiner Tätigkeit in Basel, als eine DC-4 der Air France aus Algerien landete. Sie brachte eine Ladung junger Störche. Storchenvater Bloesch betreute sie wie eigene Kinder und stopfte ihnen unentwegt frische Fische in ihre Kröpfe. Als wollten sie sich über dieses geschäftige Tun mokieren, kreisten plötzlich neun ausgewachsene, im Elsass beheimatete Störche über unserem Flugplatz. Auf Grund dieser Episode erkürten wir den Storch zum Signet unseres Flughafens. Aber mit den Jahren befriedigte die technische Form dieses Signetes nicht mehr, und zudem wurden leider die Störche im Elsass immer seltener, trotz aller Anstrengungen von Storchenvater Bloesch.

Da wurde ich im Herbst 1976 auf eine Plastik des Bildhauers Jan Hegy aufmerksam. Eine aus Carrara-Marmor geschaffene stilisierte Taube mit zwei Köpfen faszinierte mich. Die beiden Köpfe scheinen sich irgendwie einig zu sein, denn der gemeinsame Körper strebt unbeirrt und auf eleganten Schwingen einem gemeinsamen, hochgelegenen Ziel entgegen. Ein wunderbares neues Symbol für unseren zweistaatlichen Flughafen!

Des öftern, wenn ich mit Kollegen fachsimpelte, wurden Zweifel laut über das gute Funktionieren einer Institution, die von Deutschschweizern und Franzosen getragen wird. „Manchmal haben wir in der Tat Schwierigkeiten, aber wir sind noch immer zum Ziel gekommen", war meine Antwort, und als Illustration, wie das gemacht wird, erzählte ich jeweils die Geschichte der binationalen Flughafen-Welpen. Im Quartier unserer Pompiers hauste eine Hündin, eine zugelaufene Promenadenmischung, aber eine Seele von Hund. Treu, und wenn nötig angriffig, bewachte sie die Pompiers und ihre Geräte. Den Pompiers, und nur diesen, gehorchte sie aufs Wort. Nur wenn sie ihre Tage hatte, wurde sie unzuverlässig und begann zu streunen. Die Pompiers waren im französischen Sektor. Diesem gegenüber und ganz nahe, aber durch den obligatorischen, drei Meter hohen Maschenhag hermetisch abgetrennt, befanden sich die Anlagen für die Schweizer Sportflieger. Dort hauste in ähnlichen Verhältnissen ein schweizerischer Rüde. Während der Tage der Hündin litt er unter nicht minder grossem Reissen. Vergeblich – der Zollhag lag dazwischen. Und dennoch haben es die beiden geschafft, durch den Hag hindurch, sie in Frankreich, er mit Ausnahme einer wichtigen Kleinigkeit in der Schweiz. Der Tatbestand ist eindeutig und durch Zeugen belegt: Die kräftigen und lebenslustigen Welpen waren zweifellos zweistaatlich!

Es gibt viele internationale Organisationen, die auf Staatsverträgen beruhen. Als internationale Erwerbsgesellschaft scheint jedoch der Flughafen Basel–Mulhouse ein Unikum zu sein. Kaufmännische Betriebe, an denen mehrere Länder beteiligt sind, basieren normalerweise auf einem bestimmten nationalen Handelsrecht. Im Gegensatz dazu ist die Rechtsgrundlage des Flughafens Basel–Mulhouse international. Seine Statuten sind Bestandteil eines Staatsvertrages zwischen der Schweiz und Frankreich, in welchem Bau und Betrieb des gemeinsamen Flughafens geregelt sind.

Es ist klar, dass ein solcher Staatsvertrag nur die allgemeinen Richtlinien der Zusammenarbeit festlegen kann. Diese beruhen auf dem Willen der beiden vertragschliessenden Parteien, der Flughafen könne von Schweizern wie ein schweizerischer, von den Franzosen wie ein französischer Flughafen benützt werden. Das tönt so logisch, simpel und einfach, dass es fast nicht wahr sein darf. Auch das vereinigte Europa tönt logisch, simpel und einfach und wird wohl noch auf Generationen hinaus nicht wahr werden. − Aber eben, man kann sich nicht während Jahrhunderten gegenseitig umbringen, um dann innert einiger weniger Jahrzehnte die grosse, friedliche Gemeinsamkeit zu zelebrieren.

Die folgende, an und für sich einfache, aber schwer zu realisierende Einsicht scheint mir notwendig, um international zusammenarbeiten zu können. Wir Menschen müssen begreifen, dass es möglich ist, auch auf andern Wegen ein Ziel zu erreichen als auf denen, die wir als die einzig richtigen betrachten, nur deshalb, weil wir so erzogen worden sind, weil wir es so ererbt haben oder weil es unseren Traditionen entspricht. Rein theoretisch hatte ich diese Weisheit schon bald nach Beginn meiner internationalen Tätigkeit intus. Wie oft ich, bis zu meinem Rücktritt, entgegen dieser besseren Einsicht gehandelt habe, darüber habe ich nicht Buch geführt.

Die Schwierigkeiten der Binationalität lagen nie in erster Linie im internen Bereich, also im Betrieb selber, oder im Verwaltungsrat, der aus je acht schweizerischen und französischen Mitgliedern besteht. Eine Ausnahme gab es anfangs der sechziger Jahre, als zwischen mir und Kommandant Roques Kompetenzschwierigkeiten entstanden. Entgegen der ausdrücklichen Weisung im Staatsvertrag hatte sich der Verwaltungsrat nicht an die schwierige Erstellung eines Organigramms des Betriebes herangewagt. Es ging dabei insbesondere darum, die Stellung des Kommandanten zu präzisieren, der gleichzeitig als Vizedirektor amtierte. Als französischer Beamter unterstand er dem Ministerium in Paris, als Vizedirektor dem Direktor bzw. dem Verwaltungsrat. Ohne genaue Abgrenzung der Kompetenzen zwischen diesen beiden, verlieh diese Doppelstellung dem Kommandanten bzw. seiner vorgesetzten Stelle in Paris eine gewisse Übermacht. Die Erstellung des Organigramms tangierte aus diesem Grunde die Einfluss-Sphären der französischen resp. der schweizerischen Behörde. Es gab schwierige Sitzungen des Verwaltungsrates. Zeitweise trennte man sich; die Schweizer tagten für sich in einem Raum, die Franzosen allein in einem anderen. Einzelne Mitglieder wollten sich die Sache leicht machen. Der Krach liege nur in den gegensätzlichen Persönlichkeiten von Kommandant und Direktor. Man müsse nur beide ersetzen, dann komme wieder alles in Ordnung. Dabei wäre Cdt. Roques schlicht und einfach auf einen andern französischen Flughafen versetzt worden, und ich hätte auf die Stellensuche gehen können. Die überwiegende Mehrzahl der Mitglieder des Verwaltungsrates sah aber ein, dass eine wichtige Voraussetzung für das reibungslose Funktionieren des Betriebes fehlte. Nach einer reichlich langen und schweren Schwangerschaft wurde einem Organigramm das Leben geschenkt, das nicht in allen Teilen ein Wunder absoluter Klarheit war, das aber genügte, um die Differenzen zwischen Direktor und Kommandant zu beheben. Seither haben wir beide trotz unseren gegensätzlichen Charakteren bis zu unserer Pensionierung gut zusammengearbeitet, so gut, dass daraus eine persönliche Freundschaft geworden ist.

Dieses Beispiel zeigt eine weitere besondere Schwierigkeit, mit welcher ich als Direktor des binationalen Betriebes immer wieder konfrontiert wurde. Ich unterstand einem aus Schweizern und Franzosen paritätisch zusammengesetzten Verwaltungsrat und musste dessen Beschlüsse realisieren. In dieser Stellung konnte ich mich bei Entscheiden, die grundlegende Interessen der einen oder anderen Nation betrafen, nicht exponieren. Diese besondere Situation wurde von vielen, auch dem Flughafen nahestehenden, Personen nicht begriffen. Sie glaubten, als „schweizerischer" Direktor des Flughafens hätte ich in erster Linie schweizerische Interessen zu vertreten. Dies aber war die Aufgabe der schweizerischen Mitglieder des Verwaltungsrates und insbesondere des Vizepräsidenten, der in der gegebenen Situation Schweizer sein muss (Präsident und Direktor, Präsident und Vizepräsident, sowie Direktor und Vizedirektor dürfen jeweils nicht der gleichen Nation angehören).
Regierungsrat Dr. Edmund Wyss, der 1962 an Stelle des aus Gesundheitsrücksichten zurückgetretenen Dr. Carl Peter zum Vizepräsidenten des Flughafens gewählt wurde und diesen Posten bis zu meinem Rücktritt innehatte, war sich dieser Sachlage voll bewusst und hat die schweizerischen Interessen stets gekonnt vertreten.

Weitaus grössere Probleme als im internen Bereich ergaben und ergeben sich immer noch bei den Beziehungen des Flughafens zu Dritten. Dies sind vor allem Amtsstellen, denen der spezielle Status des Flughafens zu wenig bekannt ist oder denen dieser spezielle Status schlecht in ihr eigenes Konzept passt. Vor allem bei den Steuern, bei Zoll- und Polizeiproblemen oder beim Sozial- und Arbeitsrecht hatten wir immer dagegen anzukämpfen, dass die dafür zuständigen Ämter beider Nationen entweder allein oder zusammen einsame Entschlüsse fassten. Oft taten sie dies, indem sie den Staatsvertrag entsprechend ihrer eigenen Interessenlage auslegten, ohne die Organe des Flughafens zu konsultieren. So kommt es, dass immer wieder andere Juristen ihre persönliche Lehrmeinung über den Staatsvertrag realisieren wollen, was in der Rechtspraxis des Flughafens je nach Anwendungsgebiet zu vielerlei Widersprüchen führen kann. Hier einigermassen Ordnung zu schaffen, ist eine wahre Sisyphusarbeit. Unsere beiden Sekretäre des Verwaltungsrates, auf Schweizer Seite vor allem Dr. G. Felder, haben diese Arbeit auf sich genommen. Sie hatten dabei, das sei speziell hervorgehoben, bedeutend mehr Erfolg als der steineschiebende Sisyphus der Unterwelt.

Der Flughafen ist Mlle Germaine Ladet, einer langjährigen Vertreterin im Verwaltungsrat des Flughafens, in dieser Beziehung zu grossem Dank verpflichtet. Die gelernte Juristin schrieb eine juristische Abhandlung über den Flughafen, mit dem sie seit seinen Anfängen eng verbunden war (Germaine Ladet, Le Statut de l'Aéroport de Bâle–Mulhouse, Paris 1984). Dieser Kommentar zum Staatsvertrag wird mithelfen, die beschriebenen Schwierigkeiten zu mildern.
Leider hat Germaine Ladet die Veröffentlichung ihres Werkes nicht mehr erleben können. Sie hat immer gewusst, dass der Staatsvertrag, an dem sie massgeblich mitgearbeitet hatte, nur der Rohbau zum binationalen Gebäude sein konnte. Der Ausbau dauert Jahre; im alltäglichen Betrieb muss er immer wieder ergänzt und erweitert werden. Bis heute ist Erstaunliches geleistet worden. Das Buch von Mlle Ladet bezeugt dies. Gleichzeitig ist es eine wertvolle Grundlage für die Bewältigung der rechtlichen Zukunft des binationalen Flughafens, der wir getrost und optimistisch entgegenblicken können.

Vom nationalen aufs internationale Parkett

Man spricht viel davon, ein Flughafen müsse ein aggressives „Marketing"
betreiben. Man hüte sich vor Schlagworten! Voraussetzung für ein Marke-
ting ist logischerweise ein freier Markt. Ein solch freier Markt hingegen ist
für Flughäfen kaum existent. Ob und wo eine Luftverkehrsgesellschaft
Transportgut aufnehmen oder ausladen kann, ist streng reglementiert.
Die Gebühren, die ein Flughafen von den Benützern kassieren darf, sind
vereinheitlicht und von den Behörden zu genehmigen. Das Manövrierfeld
für das Marketing eines Flughafens ist deshalb stark eingeschränkt. Der
Kampf um Kunden muss notgedrungen hinter den Kampf mit den Behör-
den um die Genehmigung von Verkehrsrechten zurücktreten.

Gegner in diesem Kampf um Verkehrsrechte ist für schweizerische Flug-
häfen in erster Linie das Eidgenössische Luftamt, das für die Einhaltung
der internationalen Regeln besorgt sein muss. Gegner ist aber auch die
Swissair, die darauf bedacht sein muss, dass die eidgenössische Behörde
diese internationalen Regeln wenn immer möglich zu ihren Gunsten aus-
legt, damit sie im Wettbewerb mit ihren ausländischen Konkurrenten be-
stehen kann.

Je mehr ich mich mit diesen Problemen beschäftigte, desto stärker wurde
mir bewusst, dass auf diese Weise im nationalen Rahmen nur herzlich
kleine Fortschritte zu erzielen waren. Was nützte es, das Eidgenössische
Luftamt unsanft zu attackieren oder die Swissair öffentlich des Monopol-
denkens zu bezichtigen, wenn internationale Regeln die Verantwortli-
chen zwangen, Entscheidungen zu treffen, die für den Flughafen Basel
oft negativ, für die schweizerische Luftfahrt als Ganzes jedoch ebensooft
notwendig waren? Diese Erkenntnis war ein wichtiger Grund dafür, dass
ich mich mit den Jahren immer mehr internationalen Fragen zuwandte
und in internationalen Organisationen aktiv wurde.

Anfänglich spielten dabei die Verkehrsrechte noch keine Rolle. Man muss
bedenken, dass niemand den Beruf eines Flughafendirektors erlernen
kann. Deshalb hat dieser Berufsstand ein grosses Bedürfnis, gegenseitig
Erfahrungen auszutauschen. Dies führte denn auch schon bald nach
Kriegsende zu einem losen Zusammenschluss einiger europäischer Flug-
häfen, deren Leiter sich alljährlich trafen und über ihre Probleme disku-
tierten. Mit den Jahren entstand aus dieser Erfahrungsaustausch-Gruppe

ein Verein, die WEAA (Western European Airports Association). Basel–
Mulhouse hatte als Gründungsmitglied das Privileg, in diesen Verein auf-
genommen zu werden, trotzdem er seine Mitgliederzahl beschränkte und
pro Land nur einen, den grössten, Flughafen zuliess. In dieser Vereini-
gung habe ich viel gelernt, das letzten Endes dem Flughafen zugute ge-
kommen ist. Es war deshalb natürlich, dass ich zusagte, als ich gebeten
wurde, die WEAA für die Jahre 1972 bis 1974 zu präsidieren.

Der Umstand, dass die WEAA ihre Mitgliedschaft beschränkte, hatte die
Gründung einer neuen Vereinigung zur Folge. Die ICAA (International
Civil Airports Association) war universell und offen für alle Flughäfen.
Sie stand besonders am Anfang unter der aktiven Führung der Pariser
Flughäfen. Mit diesen arbeitete der Flughafen Basel–Mulhouse schon
immer eng und freundschaftlich zusammen, gab es doch seit Beginn eine
Gruppe von Persönlichkeiten, die in den Verwaltungsräten beider Organi-
sationen tätig waren. Dieser Umstand und die Tatsache, dass Basel–Mul-
house schon wegen seiner Grösse schlecht in die WEAA passte, liess uns
der ICAA beitreten. Nach anfänglich doppelter Mitgliedschaft verliessen
wir die WEAA. Unsere Zusammenarbeit mit der ICAA wurde immer en-
ger, und schon bald wählte mich diese Vereinigung in ihren Verwaltungs-
rat. Im Jahre 1975 wurde ich erster Vizepräsident, und von 1980 bis
1982 präsidierte ich die ICAA.

Endlich gibt es noch eine dritte internationale Flughafenorganisation, die
AOCI (Airport Operators Council International). Sie war aus dem Flug-
hafenverband der USA hervorgegangen, dem sich eine Reihe von Flug-
häfen in Europa, Mittel- und Südamerika sowie im Fernen Osten ange-
schlossen hatten.

Nachdem zu Anfang in diesen drei Organisationen der Erfahrungsaus-
tausch zwischen ihren Mitgliedern am wichtigsten war, wurde das Bedürf-
nis nach einer aktiven internationalen Politik von Seiten der Flughäfen
immer stärker. Dies auch deshalb, weil mehr und mehr Flughäfen zu
Wirtschaftseinheiten mit eigener Rechtspersönlichkeit heranwuchsen
und sich von den zentralen Verwaltungen lösten. Die zentralen Luft-
fahrtbehörden verteidigten in erster Linie die Interessen ihrer Luftver-
kehrsgesellschaften, welche normalerweise schwerer wogen als jene der
Flughäfen.

Bekanntlich sind die Luftverkehrsgesellschaften in einem starken interna-
tionalen Verband, der IATA, vereinigt. In der der UNO angeschlossenen
ICAO, der weltweiten Vereinigung luftfahrttreibender Nationen, hatte
vor allem die IATA das Sagen. Die Zeit war gekommen, dass dort auch
die Flughäfen zu Worte kamen. Das war aber mit drei verschiedenen Or-

ganisationen nicht möglich. Deshalb gründeten diese drei Organisationen die AACC (Airport Association Coordinating Council). Die AACC hat ihren Sitz in Genf und setzt sich zusammen aus je drei leitenden Persönlichkeiten der drei Flughafen-Vereinigungen. Die drei in der AACC zusammengeschlossenen Organisationen vereinigen 390 Mitglieder in 99 Ländern, die zusammen schätzungsweise zwei- bis dreimal soviele Flughäfen betreiben. Die AACC in Genf steht unter Leitung von Alex Strahl. Ich kenne keine andere internationale Organisation, die ihre weltweiten Interessen mit so wenig Aufwand so effektiv zu vertreten weiss. Durch meine Tätigkeit zuerst in der WEAA und dann in der ICAA wurde ich während recht langer Zeit Mitglied der AACC. Das gab mir immer wieder Gelegenheit, an höchster Stelle auf die Sorgen und Bedürfnisse kleiner und mittlerer Flughäfen hinzuweisen. Für das Jahr 1980 wählte man mich zum Präsidenten der AACC.

Es ergab sich, dass zu dieser Zeit das ICAO seine nur alle drei Jahre stattfindende Vollversammlung durchführte. Es war für mich als ehemaliger Angestellter im Sekretariat dieser Organisation und als Vertreter eines kleineren Flughafens ein grosses Erlebnis, an dieser Versammlung den Standpunkt der Flughäfen der Welt vertreten zu dürfen.

Zwar hatte sich seit meiner Anstellung in der ICAO vor fast vierzig Jahren viel verändert. Zu meiner Zeit waren die Vollversammlungen zahlenmässig höchst bescheiden. Sie befassten sich aber intensiv mit Problemen des Luftverkehrs, ging es doch damals vor allem um dessen weltweite technische Standardisierung. In der um ein Vielfaches grösseren Vollversammlung des Jahres 1982 schienen mir die Probleme des Luftverkehrs gegenüber mancherlei politischem Gerangel eher in den Hintergrund zu treten.

Meine Rede war eine Grundsatz-Erklärung, wie sie interessierte Mitglieder und Beobachter zu Beginn der Konferenz abzugeben pflegen. Der grosse Applaus, der mir zuteil wurde, versetzte mich in Erstaunen. So gut war ich nun auch wieder nicht. Später erfuhr ich den Grund für die freundliche Aufnahme meiner Rede. Nach einer unendlich langen Rednerliste war ich der erste, der überhaupt Probleme des Luftverkehrs aufgriff. Viele meiner Vorredner hielten Propagandareden über die luftverkehrswirtschaftlichen Erfolge ihrer Länder, mit dem Ziel, sich möglichst günstig als Kandidat für die Wahl in den ICAO-Rat zu präsentieren. Der Vertreter der PLO hatte mit seiner langfädigen Rede keine andere Absicht, als Israel von der ICAO auszuschliessen.

Die ICAO hat im Verlaufe der Jahre für den internationalen Luftverkehr viel geleistet. Auch heute noch leistet sie Beachtliches. Schade, dass das mit so viel und stets mehr Leerlauf erkauft werden muss. An diesem Übel erscheint aber jede internationale Organisation mehr oder minder krank.

Kehren wir nun zurück zum Problem der Verkehrsrechte. Um was es dabei geht, ist in diesem Buch des öftern beschrieben worden. Was mich in meiner internationalen Tätigkeit vor allem beschäftigte, war die Liberalisierung des sogenannten Regionalverkehrs in Europa, der wie folgt charakterisiert werden kann: Das Drehscheibensystem im europäischen Luftverkehr, das den zeitraubenden und umständlichen Umsteigeverkehr unverhältnismässig begünstigt, soll abgebaut werden. Gleichzeitig sind Direktverbindungen mit kleineren Flugzeugen zu liberalisieren und damit zu fördern.

Ende der siebziger Jahre machte ich einmal einen schüchternen Versuch, dieses Thema im Rahmen der WEAA zur Sprache zu bringen. Das Resultat war ein totaler Misserfolg. Die übrigen Mitglieder dieser Vereinigung, bekanntlich die grössten Flughäfen der einzelnen Länder und somit Drehscheiben ihrer nationalen Fluggesellschaften, hatten an einer solchen Idee begreiflicherweise überhaupt keine Freude. Auf diesem Gebiet waren ihre Interessen identisch mit jenen des nationalen Carriers.

Bei der grossen Mehrzahl der europäischen Flughäfen handelt es sich jedoch um Zubringerflughäfen mit keinen oder nur wenigen Direktverbindungen. Sie alle leiden unter genau den gleichen Schwierigkeiten wie Basel—Mulhouse. Mein Vortrag „Dient das europäische Luftverkehrsnetz dem Passagier?" fiel deshalb in der ICAA, wo viele kleine Flughäfen Mitglied sind, auf fruchtbaren Boden. Mit der Zeit konnte man sogar feststellen, dass selbst einzelne grosse Flughäfen eine Erleichterung des Regionalverkehrs entweder positiv beurteilten oder aber mindestens nicht mehr bekämpften. Sie hatten erkannt, dass eine Liberalisierung des Regionalverkehrs neuen Verkehr kreiert, der schlussendlich auch ihnen zugute kommt.

In den siebziger Jahren wurden die Politiker Europas auf dieses Problem aufmerksam. In der Europäischen Gemeinschaft hatte sich die Transport-Kommission des Europa-Parlamentes der Sache angenommen. Sehr wahrscheinlich auf Grund meiner bisherigen Tätigkeit auf diesem Gebiet konnte ich im Frühjahr 1980 als Experte an einer Sitzung dieser Organisation teilnehmen. Neben dem Präsidenten der Alitalia, dem Generalsekretär der Vereinigung Europäischer Luftverkehrsgesellschaften, dem Vertreter der British Airport Authority und jenem des Frankfurter Flughafens hatte ich von Basel—Mulhouse mit meinen freiheitlichen Ideen einen schweren Stand. Es schien mir jedoch, dass ich vielen Europa-Parlamentariern, deren Region mit Luftverkehr ebenso schlecht bedient war wie die unsrige, aus dem Herzen gesprochen hatte. Es gab sogar Applaus — eine grosse Ausnahme im Europa-Parlament, wie man mir gesagt hat. Der Entwurf zu einer liberaleren Regelung des europäischen Regional-

Oben: Eröffnung des neuen Flughofes in Basel–Mulhouse durch den französischen Präsidenten Georges Pompidou und Bundespräsident Hans Peter Tschudi am 27. Juni 1970.   Foto Peter Schnetz, Archiv Flughafen
Unten: Die Taube mit dem doppelten Kopf, Skulptur von Jan Hegy auf der Terrasse des Flughofes in Basel–Mulhouse. Dahinter eine Concorde der Air France, anlässlich der Einweihung der verlängerten Hauptpiste am 28. Dezember 1978.   Foto Peter Armbruster, Archiv Flughafen

verkehrs, der vom Parlament verabschiedet wurde, hätte diesem Verkehrszweig zweifellos Auftrieb gegeben. Der Ministerrat hingegen, der bekanntlich die letzten Entscheidungen trifft, stand dann aber leider allzusehr unter dem Druck der nationalen Luftverkehrsgesellschaften. Er riss dem griffigen Entwurf des Parlamentes die besten Zähne aus. Was schliesslich übrig blieb, ist so beschaffen, dass es schwierig sein wird, den Teil des Regionalverkehrs, der noch freiheitlich betrieben werden darf, kommerziell erfolgreich zu bewältigen. Noch schwimmen die nationalen Luftverkehrsgesellschaften obenauf. Politisch hingegen sind die bedeutenden Nachteile eines heute ungenügenden Regionalverkehrs in Europa erkannt. Lösungen werden gefunden werden. Schon heute ist erkennbar, dass einzelne Staaten den Regionalverkehr fördern. Soweit dies nicht unter der neuen Regelung der Europäischen Gemeinschaft möglich ist, geschieht es über eine liberalere Handhabung der bestehenden bilateralen Abmachungen. Die schweizerische Crossair und der Flughafen Basel–Mulhouse geben dafür ein Beispiel. Ich bin stolz, dass eine ganze Reihe neuer Direktverbindungen mit kleineren, aber modernen Flugzeugen vor und kurz nach meinem Rücktritt realisiert werden konnten.

Ausklang

Als ich vor vierzig Jahren an meiner Dissertation schrieb, ging der Zweite Weltkrieg zu Ende. Zwei Weltkriege hatten die Menschheit verarmt. Dazwischen gab es eine Rieseninflation und eine Weltwirtschaftskrise mit Armeen von Hungernden und Obdachlosen. Die Menschen der westlichen Welt hatten genug. Es musste anders werden; nach Jahren der Entbehrungen wollte man geniessen, in Wohlstand leben. In wirtschaftlicher Sicht hiess dies: Einheitskosten senken, Massenproduktion, Massenkonsum, Vollbeschäftigung, überhöhtes Wirtschaftswachstum. Schon bald nach Ende des Zweiten Weltkrieges begann sich diese Spirale zu drehen. Der Wohlstand wuchs, aber die Spirale drehte immer schneller. Die Folgen sind bekannt: Unsinnige Konzentrationen nicht nur in wirtschaftlicher, sondern in jeder möglichen Hinsicht, Vermassung, Gigantismus, Verbrauchs- und Wegwerfgesellschaft, Bedrohung der Umwelt.

Das A und O meiner Dissertation, auf die ich einst sehr stolz war, sind die Kosten. Seither habe ich gelernt, dass das Kostendenken allein nicht zum Ziel führen kann. Es braucht mehr. Wenn es uns nicht gelingt, unsere Wirtschaft harmonischer und menschlicher zu gestalten, brauchen wir uns nicht zu wundern, wenn die Jungen rebellieren und die Grünen von Nullwachstum schwafeln.

Mit einigen Abwandlungen hat der Luftverkehr die gleiche Entwicklung durchgemacht wie die übrige Wirtschaft. Die Folge ist, dass sich eine immer grössere Anzahl von effektiven oder potentiellen Passagieren gegängelt vorkommt, weil sie nicht so transportiert werden, wie es ihrem eigenen Bedürfnis entspricht, sondern so, wie es die Kostenrechnungen der Luftverkehrsgesellschaften diktieren.
Ich hoffe, dieses Buch hat gezeigt, dass wir heute im Luftverkehr einer Wende entgegengehen.

Ich erinnere mich an den Besuch eines stadtbekannten und erfolgreichen Basler Geschäftsmannes und Politikers im Herbst 1955, ungefähr ein Jahr nach meinem Amtsantritt. Um gute Figur zu machen, wählte ich für diesen Flughafenbesuch den Zeitpunkt, da infolge eines Streiks die TWA ihren gesamten Pariser Betrieb von Orly nach unserem Flughafen verlegt hatte. Dies belebte unser damals wirklich gottverlassenes Provisorium mit fünf Landungen von Constellations pro Tag. Der hohe Herr erschien im

Moment, als sich eine Eastbound- mit einer Westbound-Maschine kreuzte. Die eine machte sich startbereit, und der andern entstiegen die Passagiere. Sie balancierten über durchlöcherte Stahlbleche, die aus Militärbeständen stammten und mit denen wir unseren Flugzeugabstellplatz hergerichtet hatten. Obschon dabei einige Damen ihre Absätze beschädigten, sah es sehr weltmännisch und nahezu imposant aus.

Die Augen meines Gastes leuchteten! „Da sehen Sie, Herr Direktor, das ist nur der Anfang; in ein paar Jahren werden wir mit Ihrer Hilfe Zürich überflügelt haben". Ich fühlte mich ohnehin schon als Hochstapler wegen des Tricks mit dem Pariser Streik und der Connies der amerikanischen TWA und begann nun ganz vorsichtig den Rückwärtsgang einzuschalten. Basel müsse einen Flughafen haben, wolle es nicht zur Provinz absinken. Natürlich würde ich an eine Entwicklung unseres Flughafens glauben, aber so schnell könne das nicht gehen. Zürich zu überholen sei nicht möglich. – Das Leuchten in den Augen meines Gastes verschwand. Ich, die aus Bern hergeholte Niete, war bei ihm für alle Zukunft abgeschrieben.

Ich habe später mit dem Flugplatz Ähnliches erlebt. Das brachte mich auf den ketzerischen Gedanken, dass viele Basler nur diejenigen Dinge lieben, die sie als „besser" einstufen als jene, mit denen andere Städte, insbesondere natürlich Zürich, aufwarten können. Das gilt für die Rheinschiffahrt, für den Zolli, die MUBA, die Museen, die Fasnacht, für den Freddy Spillmann und sogar ein wenig für die Theater, trotz der hohen Kosten. Der FCB muss durch Wechselbäder, je nach Tabellenstand, und unser guter Flughafen liegt, weit hinter Kloten, abgeschlagen im Abseits.

Anlässlich meines Rücktrittes als Flugplatz-Direktor erhielt ich schöne Geschenke, die mich allesamt sehr freuten. Eines hat mir besonders gefallen. Es war das Abschiedsgeschenk meines Stellvertreters, des neuen Flughafenkommandanten, mit dem ich noch ein knappes Jahr zusammenarbeiten durfte. Er schenkte mir das Buch von Jonathan, der Möwe, die mit eiserner Disziplin und grosser Aufopferung höher, schöner und schneller fliegen gelernt hat als ihresgleichen. Sie wollte mehr, als sich hinter Fischerbooten um Abfälle balgen, oder noch schlimmer, in Müllhalden nach Futter wühlen. Ganz besonders angetan hat es mir die Widmung, die Claude Dupertuis hineinschrieb: „A M. Theodor Stauffer, qui m' a amicalement accueilli..... et transmis le virus de l'Aéroport de Bâle–Mulhouse."
Ist es nicht tröstlich? Was mir bei vielen Baslern misslang, wenigstens bei einem Franzosen gelang es mir auf Anhieb.

Skybird Jonathan Livingston schliesst den Kreis. Mit Reinhard Meys „Über den Wolken muss die Freiheit wohl grenzenlos sein" hat es begonnen; es endet mit Neil Diamonds „Lonely Sky, lonely looking Sky", zuerst ein wenig traurig, aber später, nach traumschwerer Nacht, voller Zuversicht mit „Glory looking Day, glorious Day".

„Good bye, Theddy!" Zeichnung von Hans Epper anlässlich des Abschiedes des Verfassers als Flughafendirektor von Basel–Mulhouse am 28. Juli 1983.

Umschlagrückseite: Der Verfasser bei einem Presse-Interview im Flughafen Basel–Mulhouse.   Foto Hans Bertolf, Archiv Flughafen